Para

com votos de paz.

/ /

CB067417

Projeto
Manoel Philomeno de Miranda

Qualidade na prática mediúnica

ASSOCIAÇÃO BRASILEIRA DE
DIREITOS REPROGRÁFICOS

EDITORA LEAL

Salvador
14. ed. – 2025

COPYRIGHT © (2000)
CENTRO ESPÍRITA CAMINHO DA REDENÇÃO
Rua Jayme Vieira Lima, 104
Pau da Lima, Salvador, BA.
CEP 412350-000
SITE: https://mansaodocaminho.com.br
EDIÇÃO: 14. ed. (9ª reimpressão) – 2025
TIRAGEM: 3.000 exemplares (milheiro: 71.300)
COORDENAÇÃO EDITORIAL
Lívia Maria C. Sousa

REVISÃO
Luciano Urpia • Lívia Maria C. Sousa
CAPA
Cláudio Urpia
MONTAGEM DE CAPA
Ailton Bosco
EDITORAÇÃO ELETRÔNICA
Lívia Maria C. Sousa
COEDIÇÃO E PUBLICAÇÃO
Instituto Beneficente Boa Nova

PRODUÇÃO GRÁFICA
LIVRARIA ESPÍRITA ALVORADA EDITORA – LEAL
E-mail: comunicacao@cecr.com.br

DISTRIBUIÇÃO
INSTITUTO BENEFICENTE BOA NOVA
Av. Porto Ferreira, 1031, Parque Iracema. CEP 15809-020
Catanduva-SP.
Contatos: (17) 3531-4444 | (17) 99777-7413 (WhatsApp)
E-mail: boanova@boanova.net
Vendas on-line: https://www.livrarialeal.com.br

Dados Internacionais de Catalogação na Publicação (CIP)
(Catalogação na fonte)
BIBLIOTECA JOANNA DE ÂNGELIS

F825	FRANCO, Divaldo Pereira. (1927-2025)
	Qualidade na prática mediúnica. 14. ed. / Divaldo Pereira Franco [et al.]. Salvador: LEAL, 2025.
	184 p.
	ISBN: 978-85-8266-211-3
	1. Espiritismo 2. Mediunidade 3. Projeto Manoel Philomeno de Miranda I. Franco, Divaldo II. Neves, João III. Calazans, Nilo IV. Ferraz, José V. Azevedo, Geraldo VI. Título
	CDD: 133.90

Bibliotecária responsável: Maria Suely de Castro Martins – CRB-5/509

DIREITOS RESERVADOS: todos os direitos de reprodução, cópia, comunicação ao público e exploração econômica desta obra estão reservados, única e exclusivamente, para o Centro Espírita Caminho da Redenção. Proibida a sua reprodução parcial ou total, por qualquer meio, sem expressa autorização, nos termos da Lei 9.610/98.
Impresso no Brasil | Presita en Brazilo

Sumário

Apresentação 7
Qualidade na prática mediúnica 13

1ª PARTE – OS ESPÍRITOS RESPONDEM

Afloramento 17
Animismo 21
Compromisso 24
Conduta 28
Educação 34
Evolução 40
Obsessão 43
Patologias 46
Sintonia 47
Sofrimento 55

2ª PARTE – DIVALDO FRANCO RESPONDE

Benefícios 63
Preparação 65
Funcionamento 71
Posturas 75
Dúvidas 82
Inibição 83
Deficiências 86
Doutrinação 91
Exercício mediúnico 108
Assistência 112

3ª PARTE – O PROJETO RESPONDE

Qualidade	121
Organização	128
Equipe	137
Médiuns	138
Doutrinadores	141
Dirigente	144
Assistente participante	145
Resultados	147
Choque anímico	150
Palavra	157
Oração	158
Passes	161
Hipnose	168
Regressão de memória espiritual	175
Conclusão	182

Apresentação

A partir da década de 1920, o conceito de *Qualidade Total* passou a resumir as condições para a sobrevivência de qualquer organização, sobretudo aquelas criadas para a prestação de serviços, e constitui uma filosofia de gestão hoje presente nos quatro cantos do Planeta: do Japão aos Estados Unidos, da Europa à Ásia, da China ao Brasil. A definição mais abrangente que encontramos na literatura especializada é a do Prof. Kaoru Ishikawa: *"Uma interpretação que se poderia dar à* Qualidade *é que ela significa qualidade de trabalho, de serviço, qualidade de informação, de estrutura, qualidade de pessoas, qualidade dos objetivos, etc."*

Deduzimos, assim, que *Qualidade*, vista sob a ótica de uma organização, ou instituição, seja qual for o seu porte ou finalidade, representa um *esforço de qualificação geral*, tendo como consequência a realização de tarefas, de procedimentos cada vez melhores, esforço esse alinhado e sintonizado com as expectativas dos interessados e envolvidos nos serviços.

A Equipe do Projeto Manoel Philomeno de Miranda, em dez anos ininterruptos de trajetória doutrinária, cujo enfoque tem sido centrado na área da mediunidade, vem perseguindo essa meta, *esse esforço de qualificação geral da prática mediúnica*, promovendo cursos e seminários, na Bahia e em outros Estados, sendo conhecidíssimas suas obras anteriores nesse campo – *Reuniões Mediúnicas e Vivência Mediúnica* –, constando da primeira a classificação, definição e forma de operacionalização de 22 *Padrões de Qualidade*, propostos para as reuniões de intercâmbio.

Neste novo, pioneiro e didático trabalho, a equipe do Projeto, dando continuidade a esse esforço concentrado de *melhoria contínua* – o *Kaizen* dos japoneses – da prática mediúnica, oferece-nos valiosos depoimentos de três fontes de inquestionável credibilidade:

Na primeira parte, os Espíritos Joanna de Ângelis, João Cléofas, Manoel Philomeno de Miranda e Vianna de Carvalho respondem, através de textos extraídos de obras psicografadas, de suas autorias, dez grandes questões que envolvem os labores mediúnicos, a exemplo de *animismo, sintonia, afloramento da mediunidade*, etc.

Na segunda parte, o médium e tribuno Divaldo Franco faz profundos e elucidativos esclarecimentos em torno de dez segmentos do *modus operandi* mediúnico, os quais, em sua maioria, quando não desenvolvidos ou observados *com visão qualitativa*, são causadores de comportamentos ou experimentações esdrúxulas não sintonizadas com as recomendações de Allan Kardec, aquelas constantes, sobretudo, de *O Livro dos Médiuns*. Como todos nós sabemos, Divaldo e Chico Xavier são modelos do exercício da mediunidade com Jesus, alicerçado na prática constante do Bem. No caso de Divaldo, suas opiniões, suas orientações, todas as *diretrizes de segurança* que nos oferece, nas suas respostas sempre judiciosas, prudentes e, sobretudo, educativas, estão respaldadas por mais de meio século de dedicação ao próximo, de prática mediúnica eficiente e eficaz – confirmada em mais de uma centena de obras psicografadas – ininterruptamente, *sem férias*, sem descanso e com extrema fidelidade ao pensamento de Jesus e do Codificador. Conquistou, desta forma, o credenciamento da *Mediunidade com a excelência da Qualidade*.

E, na terceira parte, os membros do Projeto respondem sobre *Qualidade, Organização, Equipe e Resultados*, abrindo seus comentários com uma abordagem acerca da *trilogia* de Joanna de Ângelis: Espiritizar, Qualificar, Humanizar, e sua aplicação à prática mediúnica.

Editado e lançado a público em 15 de janeiro de 1861, *O Livro dos Médiuns*, esse atualizadíssimo livro da Codificação, que recebeu de Kardec o sobretítulo de *Espiritismo Experimental* e o subtítulo de *Guia dos médiuns e dos evocadores*, já continha, no terceiro quartel do século 19, os sinais precursores da importância da *Qualidade* nas atividades espíritas.

Na introdução:

"Dirigimo-nos aos que veem no Espiritismo um *objetivo sério*, que lhe compreendem toda a gravidade e não fazem das comunicações com o mundo invisível um passatempo." (110ª ed., FEB, p. 15, grifamos.)

No capítulo 29 – *Das reuniões e das sociedades espíritas*:

"Não basta, porém, que se evoquem bons Espíritos; é preciso, como condição expressa, que os assistentes estejam em *condições propícias*, para que eles assintam em vir". (110ª ed. FEB, p. 423, grifamos.)

"Todo médium, que sinceramente deseje não ser joguete da mentira, deve, portanto, procurar produzir em reuniões sérias (...)". (idem, p. 426).

"Visto ser necessário evitar toda causa de perturbação e de distração, uma Sociedade Espírita deve, ao organizar-se, dar toda atenção às medidas apropriadas (...) As Sociedades regularmente constituídas exigem *organização mais completa*. A melhor será a que tenha menos complicada a entrosagem". (idem, p. 434).

"Toda reunião espírita deve, pois, tender para a maior homogeneidade possível. Está entendido que falamos das em que se deseja *chegar a resultados sérios e verdadeiramente úteis*. Se o que se quer é apenas obter comunicações, sejam estas quais forem, sem nenhuma atenção à qualidade dos que as deem, evidentemente desnecessárias se tornam todas essas precauções; mas, então, *ninguém tem que se queixar da qualidade do produto*". (idem, p. 428).

✳

A filosofia da *Qualidade Total* conquistou o mundo, no século 20 e, certamente, projetar-se-á para o Terceiro Milênio, como poderoso instrumento de refinamento no desenvolvimento das atividades humanas, porquanto a sua prática requer clima de confiança entre dirigentes e colaboradores; capacitação, participação e comprometimento de todos os envolvidos com a organização; buscar cumprir com excelência a finalidade para a qual foi criada e a busca permanente da perfeição, da motivação e da satisfação plena de todos os que participam da vida da organização.

As Instituições Espíritas, verdadeiros paradigmas das organizações do futuro, onde o intercâmbio com as Entidades Elevadas do Mundo espiritual forjará os trabalhadores espíritas do amanhã, precursores do advento da Terra Mundo de Regeneração, devem, também, buscar esse recurso de gestão, como forma de torná-las atuantes e competentes.

O Movimento Espírita, que tem como atividade-meio a unificação e como atividade-fim promover o estudo, a difusão e a prática da Doutrina Espírita, muito terá a ganhar com o conteúdo desta obra, que enriquecerá o cabedal de conhecimentos de dirigentes, médiuns, doutrinadores e assistentes da *prática mediúnica*, que pode ser considerada a *excelência da caridade*, em face da sua elevada missão de libertar consciências, o que requer a busca constante da *espiritização*, da *qualificação* e da *humanização*.

Constitui-se, para mim, uma honra e um privilégio apresentar este livro, parabenizando os autores pela iniciativa.

Salvador, 15 de dezembro de 1999.
ADILTON PUGLIESE

Qualidade na Prática Mediúnica

O exercício saudável da mediunidade exige um conjunto de fatores que, no Centro Espírita, se encontram à disposição dos interessados, desde que o programa aí desenvolvido esteja fundamentado com rigor nos postulados exarados na Codificação kardequiana.

A mediunidade é uma faculdade portadora de intrincados, sutis e complexos, mecanismos, que tem muito a ver com o passado do medianeiro, bem como se relaciona com as suas possibilidades de serviço e de integração no programa de iluminação da própria e de outras consciências.

Porta estreita, invariavelmente é instrumento de autoencontro e de crescimento moral-espiritual, uma ponte por onde transitam os Espíritos que permanecem vinculados àqueles que prosseguem reencarnados nas paisagens terrenas.

Sendo o Centro Espírita a escola educativa e a oficina de trabalho onde o amor e o conhecimento orientam as vidas no rumo da autoconsciência, aí devem estar as possibilidades para que se adquira qualidade na prática mediúnica.

O médium é, essencialmente, um Espírito em prova, resgatando equívocos e débitos que lhe ficaram na retaguarda moral. A presença da faculdade não lhe concede qualquer tipo de privilégio ou destaque na comunidade, não devendo constituir-lhe motivo de orgulho ou de ostentação, antes lhe sendo um especial instrumento para o ajudar na reparação de dívidas e adquirir o equilíbrio espiritual.

Mesmo quando o fenômeno se lhe apresenta ostensivo, isso não significa destinação para ser missionário de um para outro momento.

O mediunato é adquirido mediante sacrifício pessoal e muita renúncia, trabalho incessante e humildade no desempenho das tarefas que lhe dizem respeito.

A prática mediúnica, por consequência, deve ser realizada com seriedade, elevação e siso, seguindo-se à risca as diretrizes estabelecidas em *O Livro dos Médiuns*, de Allan Kardec, e a contribuição complementar que vem sendo apresentada, após a Codificação, por estudiosos encarnados e pelos Espíritos encarregados de manter a Obra conforme se encontra consolidada na Doutrina Espírita.

Por isso, saudamos, neste livro, um trabalho cuidadoso e responsável, rico de informações e de conteúdos bem-definidos, portador de valiosa contribuição para auxiliar a prática mediúnica a ser cada vez mais eficiente, equilibrada e portadora de qualidade.

Salvador, 2 de março de 2000.
MANOEL PHILOMENO DE MIRANDA

Página psicografada pelo médium Divaldo P. Franco na noite de 2 de março de 2000, em Salvador, Bahia.

1ª PARTE

OS ESPÍRITOS RESPONDEM

Afloramento

1. Qual a procedência, a origem da mediunidade?

No complexo mecanismo da consciência humana, a paranormalidade desabrocha, alargando horizontes da percepção em torno das realidades profundas do ser e da vida.

A mediunidade, que vige latente no organismo humano, aprimora-se com o contributo da consciência de responsabilidade e mediante a atenção que o exercício da sua função bem-direcionada lhe conceda.

Faculdade da consciência superior ou Espírito imortal, reveste-se dos órgãos físicos que lhe exteriorizam os fenômenos no mundo das manifestações concretas.
(*Momentos de Consciência*, Cap. 19, Joanna de Ângelis/ Divaldo Franco – LEAL.)

2. O afloramento da mediunidade tem época para acontecer?

Espontânea, surge em qualquer idade, posição social, denominação religiosa ou ceticismo no qual se encontre o indivíduo.

Normalmente chama a atenção pelos fenômenos insólitos de que se faz portadora, produzindo efeitos físicos e intelectuais, bem como manifestações na área visual, auditiva, apresentando-se com gama variada conforme as diversas expressões intelectuais, materiais e subjetivas que se exteriorizam no dia a dia de todos os seres humanos.
(*Médiuns e Mediunidade*, Cap. 7, Vianna de Carvalho/Divaldo Franco – LEAL.)

3. De que modo a faculdade se manifesta?

Explodindo com relativa violência em determinados indivíduos, graças a cuja manifestação surgem perturbações de vária ordem; noutros aparece sutilmente, favorecendo a penetração em mais amplas faixas vibratórias, aquelas de onde se procede antes do corpo e para cujo círculo se retorna depois do desgaste carnal.
(*Momentos de Consciência*, Cap. 19, Joanna de Ângelis/ Divaldo Franco – LEAL.)

4. Que outras características podem ser identificadas no afloramento mediúnico?

A princípio, surge como sensações estranhas de presenças psíquicas ou físicas algo perturbadoras, gerando medo ou ansiedade, inquietação ou incerteza.
Em alguns momentos, turba-se a lucidez, para, noutros, abrirem-se brechas luminosas na mente, apercebendo-se de outro tipo mais sutil de realidade.
(*Momentos de Consciência*, Cap. 19, Joanna de Ângelis/ Divaldo Franco – LEAL.)

5. Como deve proceder o médium nessa fase de registros de presença de seres desencarnados?

Silencia a inquietação e penetra-te através da meditação.
Ora, de início, e ausculta a consciência.
Procura desdobrar a percepção psíquica sem qualquer receio e ouvirás palavras acalentadoras, e verás pessoas

queridas acercando-se de ti. (*Momentos de Consciência*, Cap. 19, Joanna de Ângelis/Divaldo Franco – LEAL.)

6. Os sintomas desagradáveis que acompanham o desabrochar da mediunidade são gerados pela faculdade?

Às vezes, quando do aparecimento da mediunidade, surgem distúrbios vários, seja na área orgânica, através de desequilíbrios e doenças, ou mediante inquietações emocionais e psiquiátricas, por debilidade da sua constituição fisiopsicológica.

Não é a mediunidade que gera o distúrbio no organismo, mas a ação fluídica dos Espíritos que favorece a distonia ou não, de acordo com a qualidade de que esta se reveste.

Por outro lado, quando a ação espiritual é salutar, uma aura de paz e de bem-estar envolve o medianeiro, auxiliando-o na preservação das forças que o nutrem e sustentam durante a existência física.

A mediunidade, em si mesma, não é boa nem má, antes, apresenta-se em caráter de neutralidade, ensejando ao homem utilizá-la conforme lhe aprouver, desse uso derivando os resultados que acompanharão o medianeiro até o momento final da sua etapa evolutiva no corpo.

(*Médiuns e Mediunidade*, Cap. 7, Vianna de Carvalho/ Divaldo Franco – LEAL.)

7. Por que motivos o afloramento da mediunidade surge, em grande número dos casos, sob ações obsessivas?

Como se pode avaliar, o período inicial de educação mediúnica sempre se dá sob ações tormentosas. O médium, geralmente, é Espírito endividado em si mesmo, com vasta cópia de compromissos a resgatar, quanto a desdobrar, trazendo matrizes que facultam o acoplamento de mentes perniciosas do Além-túmulo, que o impelem ao trabalho de autoburilamento, quanto ao exercício da caridade, da paciência e do amor para com os mesmos. Além disso, em considerando os seus débitos, vincula-se aos cobradores que o não querem perder de vista, sitiando-lhe a casa mental, afligindo-o com o recurso de um campo precioso e vasto, qual é a percepção mediúnica, tentando impedir-lhe o crescimento espiritual, mediante o qual lograria libertar-se do jugo infeliz. Criam armadilhas, situações difíceis, predispõem mal aquele que as sofrem, cercam-no de incompreensões, porque vivem em diferente faixa vibratória, peculiar, diversa da dos que não possuem disposições medianímicas.

É um calvário abençoado, a fase inicial do exercício e desdobramento da mediunidade. Outrossim, este é o meio de ampliar, desenvolver o treinamento do sensitivo, que aprende a discernir o tom psíquico dos que o acompanham, em Espírito, tomando conhecimento das "leis dos fluidos" e armando-se de resistência para combater as "más inclinações" que são os ímãs a atrair os que se encontram em estado de Erraticidade inferior.

(*Nas Fronteiras da Loucura*, Cap. 23, Manoel Philomeno de Miranda/Divaldo Franco – LEAL.)

Animismo

8. Como a Doutrina Espírita explica a interferência anímica no fenômeno mediúnico?

O processo de comunicação dá-se somente através da identificação do Espírito com o médium, perispírito a perispírito, cujas propriedades de expansibilidade e sensibilidade, entre outras, permitem a captação do pensamento, das sensações e das emoções, que se transmitem de uma para outra mente através do veículo sutil.

O médium é sempre um instrumento passivo, cuja educação moral e psíquica lhe concederá recursos hábeis para um intercâmbio correto. Nesse mister, inúmeros impedimentos se apresentam durante o fenômeno, que somente o exercício prolongado e bem-dirigido consegue eliminar.

Dentre outros, vale citar as fixações mentais, os conflitos e os hábitos psicológicos do sensitivo, que ressumam do seu inconsciente e, durante o transe, assumem com vigor os controles da faculdade mediúnica, dando origem às ocorrências anímicas.

Em si mesmo, o animismo é ponte para o mediunismo, que a prática do intercâmbio termina por superar. Todavia, vale a pena ressaltar que no fenômeno anímico ocorrem os de natureza mediúnica, assim como nos mediúnicos sucedem aqueles de caráter anímico.

Qualquer artista, ao expressar-se, na música, sempre dependerá do instrumento de que se utilize. O som provirá do mecanismo utilizado, embora o virtuosismo proceda de quem o acione.

O fenômeno puro e absoluto ainda não existe no mundo orgânico relativo...

Os valores intelectuais e morais do médium têm preponderância na ocorrência fenomênica, porquanto serão os seus conhecimentos, atuais ou passados, que vestirão as ideias transmitidas pelos desencarnados.

(*Vivência Mediúnica*, apresentações. Complexidades do Fenômeno Mediúnico, Manoel Philomeno de Miranda/Divaldo Franco – LEAL.)

9. Cite alguns fatores estimuladores do animismo e como erradicá-los.

O cultivo de ideias desordenadas, as aspirações malcontidas desequilibram, promovendo falsas informações.

Os desbordos da imaginação geram impressões, produzem ideias que fazem supor procederem de intercâmbio mediúnico...

Além desses, a inspiração de Entidades levianas coopera com eficiência para os exageros, as distonias.

(*Celeiro de bênçãos*, Cap. 6, Joanna de Ângelis/Divaldo Franco – LEAL.)

10. Que pode fazer o médium para diminuir gradualmente as cores anímicas das suas passividades?

Indispensável muito cuidado, exame contínuo dos problemas íntimos e acendrado zelo pelas letras espíritas, a fim de discernir com acerto e atuar com segurança.

Nem tudo que ocorre na esfera mental significa fenômeno mediúnico.

Se não deves recear em excesso o animismo, não convém descurar cuidados.

Problemas intrincados da personalidade surgem como expressões mediúnicas a cada instante e se exteriorizam, produzindo lamentáveis desequilíbrios.

Distonias psíquicas exalam miasmas morbíficos que produzem imagens perturbadoras no campo mental e se externam em descontrole.

✳

Estuda e estuda-te!

Evita a frivolidade e arma-te de siso, no mister relevante da mediunidade.

Cada ser vincula-se a um programa redentor, graças às causas a que se imana pelo impositivo da reencarnação. Interferências espirituais sucedem, sim, mas não amiúde como pretendem a leviandade e a insensatez dos que se comprazem em transferir responsabilidades.

✳

Revisa opiniões, conotações, exames, e resguarda-te na discrição.

Mediunidade é patrimônio inestimável, faculdade delicada pela qual ocorrem fenômenos sutis, expressivos e vigorosos, e só procedem do Alto quando em clima de alta responsabilidade.

Nesse sentido, não descuides das ocorrências provindas de interferências anímicas, dos desejos fortemente acalentados, das impressões indesejáveis e desconexas que ressumam, engendrando comunicações inexatas.

Acalma a mente e harmoniza o "mundo interior."

(*Celeiro de bênçãos*, Cap. 6, Joanna de Ângelis/Divaldo Franco – LEAL.)

Compromisso

11. Qual a orientação espírita para o indivíduo que tem compromisso mediúnico?

A mediunidade é uma faculdade inerente ao homem e deve ser exercida com objetivos elevados. O seu uso determina-lhe a destinação ao bem, com renúncia e desinteresse pessoal do médium, ou se transforma em motivo de preocupação, sofrimento e perturbação para ele mesmo e aqueles que o cercam quando praticada de forma leviana.

✶

(...) Os médiuns devem exercê-la com devotamento e modéstia, objetivando a divulgação da verdade.

Não se trata de compromisso vulgar para exibicionismo barato ou promoção pessoal, porém, para, através do intercâmbio com os Espíritos nobres, serem as criaturas arrancadas do lamaçal dos vícios, em vez de se tornarem campo para as paixões vis.

Mais se enflorece nos círculos anônimos e obscuros, agigantando-se daí na direção da Humanidade aflita.

O conforto que proporciona é superior à capacidade de julgamento; a esperança que faculta é maior do que quaisquer palavras, porquanto, mediante os fatos incontestáveis, afirma a sobrevivência do ser à destruição pela morte, exornando a vida inteligente com sentido e finalidade.

Posta, a mediunidade, a serviço das ideias enobrecidas, é alavanca para o progresso e apoio para todas as aspirações do bom, do belo, do eterno.

(*Médiuns e Mediunidade*, Cap. 9, Vianna de Carvalho/ Divaldo Franco – LEAL.)

12. Consciente do objetivo da mediunidade e fiel ao seu compromisso mediúnico, de que forma o médium pode engrandecer-se através dele?

A mediunidade é um compromisso grave para o indivíduo, que responderá à consciência pelo uso que lhe conferir, como sucede em relação às faculdades morais que o credenciam à felicidade ou à desdita, como decorrência da aplicação dos seus valores.

Despida de atavios e de crendices, a faculdade mediúnica propicia imensa área de serviço iluminativo, conclamando pessoas sérias e interessadas à conscientização dos objetivos da vida.

✳

O exercício consciente e cuidadoso, enobrecido e dirigido para o bem, proporciona ao médium os tesouros da alegria interior que decorrem da convivência salutar com os seus guias espirituais interessados no seu progresso e realização.

Da mesma forma, experimenta crescer o círculo da afetividade além das fronteiras físicas, pelo fato de os

Espíritos que com ele se comunicam envolverem-no em carinhosa proteção, aumentando o número de Entidades que se lhe tornam simpáticas e agradecidas pelo ministério desenvolvido.

(*Médiuns e Mediunidade*, Cap. 10, Vianna de Carvalho/ Divaldo Franco – LEAL.)

13. Como deve proceder o médium que se reconhece detentor de compromisso mediúnico, para utilizar corretamente as suas forças medianímicas?

Nesse campo, impõe-se-lhe um cuidadoso estudo da própria personalidade, a fim de identificar as deficiências morais e corrigi-las, equilibrar as oscilações da emotividade, policiando o temperamento. Outrossim, o exercício das atitudes comedidas se lhe faz imprescindível para os resultados superiores que persegue na vivência das funções paranormais.

✳

Além do dever imediato de moralizar-se para assumir o controle das suas forças medianímicas, o sensitivo deve instruir-se nos postulados espíritas, a fim de conhecer as ocorrências que lhe dizem respeito, adestrar-se na convivência dos Espíritos, saber conhecê-los, identificar as leis dos fluidos, selecionar os seus dos pensamentos que lhe são inspirados, discernir quando a mensagem procede de si mesmo e quando flui através dele, provinda de outras mentes... Igualmente cabe-lhe conhecer as revelações sobre o Mundo espiritual, despido do fantástico e do sobrenatural, do qual a vida na Terra é símile imperfeito, preparando-se, outrossim, para enfrentar as vicissitudes e vadear-lhes as águas, quando ocorrer a desencarnação.

A mediunidade não tem qualquer implicação com religião, conduta, filosofia, crença... A direção que se lhe dá é que a torna portadora de bênçãos ou desditas para o seu responsável.

Com a Doutrina Espírita, porém, aprende-se a transformá-la em verdadeira ponte de luz, que faculta o acesso às regiões felizes onde vivem os bem-aventurados pelas conquistas vitoriosamente empreendidas.

Embora vivendo no turbilhão da vida hodierna, o médium não pode prescindir do hábito da oração, aliás, ninguém consegue planar acima das vicissitudes infelizes sem o benefício da prece, que luariza a alma por dentro, acalmando-a e inspirando-a, ao mesmo tempo favorecendo-a com as forças para os voos decisivos, na conquista dos altos píncaros...

Paralelamente, a vida interior de reflexões favorece o registro das mensagens que lhe são transmitidas, fazendo com que aprenda o silêncio íntimo com que se capacita para a empresa.

(*No Limiar do Infinito*, Cap. 10, Joanna de Ângelis/Divaldo Franco – LEAL)

14. Por que razão os médiuns, em sua maioria, são, de preferência, utilizados por Entidades tão doentes quanto eles?

Mediunidade é compromisso com a consciência sedenta de recomposição do passado. É meio de servir com segurança e desprendimento por ensejar trabalho a outrem por intermédio de alguém...

Talvez não sejas um grande médium, conhecido e disputado pela louvação dos homens; no entanto, procura constituir-te obreiro do amor, que não é ignorado pelos infelizes, podendo ser identificado pelos sofredores da Erraticidade.

(*Dimensões da verdade*, Cap. Transeuntes, Joanna de Ângelis/ Divaldo Franco – LEAL.)

15. Em síntese, qual o conceito chave para dignificação do compromisso mediúnico?

A mediunidade, para ser dignificada, necessita das luzes da consciência enobrecida.

Quanto maior o discernimento da consciência, tanto mais amplas serão as possibilidades do intercâmbio mediúnico.

(*Momentos de Consciência*, Cap. 19, Joanna de Ângelis/ Divaldo Franco – LEAL.)

CONDUTA

16. Qual o verdadeiro sentido da realização mediúnica?

Se te candidatas à mediunidade, no serviço com Jesus, renuncia a quaisquer glórias ou aos enganosos florilégios da existência, porque jornadearás pela senda de espinhos, pés sangrando e mãos feridas, coração azorragado, sem ouvidos que entendam os teus apelos mudos...

Solidão e abandono muitas vezes para que o exercício do dever enfloresça o amor no teu coração em favor dos abandonados e solitários.

Apostolado de silêncio, culto do dever, autoconhecimento – eis o caminho da glória mediúnica.

(*Espírito e Vida*, Cap. Glórias e mediunidade, Joanna de Ângelis/Divaldo Franco – LEAL.)

17. E como entender o serviço mediúnico, criando-se predisposições íntimas favoráveis ao êxito na sua realização?

Mediunidade não é campo experimental com laboratório de fórmulas mágicas. É solo de serviço edificante, tendo por base de trabalho o sacrifício e a renúncia pessoal.

Médiuns prodígios sempre os houve na Humanidade.

Também passaram inúteis como aves de bela plumagem que o tempo destruiu e desconsiderou.

Com o Espiritismo, que fez renascer o Cristianismo puro, somos informados da "mediunidade serviço" santificante, e com essa bênção descobrimos a honra de ajudar.

Não te empolgues apenas com as notícias dos Mundos Felizes.

Há muita dor em volta de ti, e até atingires as Esferas Sublimes há muito o que fazer.

Almas doentes em ambos os planos enxameiam em volta da mediunidade.

Dedicando-te à seara mediúnica, não te esqueças de que todos os começos são difíceis e de que a visão colorida e bela somente surge em toda a sua grandeza aos olhos que se acostumaram às paisagens aflitivas onde o sofrimento fez morada...

Para que os mentores espirituais possam utilizar-te mais firmemente, faz-se necessário conhecer tua capacidade de serviço em favor dos semelhantes.

Antes de pretenderes ser instrumento dos desencarnados, acostuma-te a ser portador da luz clara da esperança onde estejas e com quem estejas.

(*Espírito e Vida*, Cap. Na Seara Mediúnica, Joanna de Ângelis/Divaldo Franco – LEAL.)

18. Que procedimentos e atitudes adotará o médium para conquistar a segurança nas passividades?

Equilíbrio – Sem uma perfeita harmonia entre a mente e as emoções, dificilmente conseguem, os filtros psíquicos, coar a mensagem que provém do Mundo Maior.

Conduta – Não fundamentada a vida em uma conduta de austeridades morais, só mui raramente logra, o intermediário dos Espíritos, uma sintonia com os mentores Elevados.

Concentração – Após aprender a técnica de isolar-se do mundo externo para ouvir interiormente, e sentir a mensagem que flui através das suas faculdades mediúnicas, poderá conseguir, o trabalhador, registrá-la com fidelidade.

Oração – Não exercitando o cultivo da prece como clima de serenidade interior, ser-lhe-á difícil abandonar o círculo vicioso das comunicações vulgares, para ascender e alcançar uma perfeita identificação com os instrutores da Vida Melhor.

Disposição – Não se afeiçoando à valorização do serviço em plena sintonia com o ideal espírita, compreensivelmente, torna-se improvável a colheita de resultados satisfatórios no intercâmbio mediúnico.

Humildade – Escasseando o autoconhecimento, de bem poucas possibilidades o médium disporá para uma completa assimilação da mensagem espiritual, porquanto, nos temperamentos rebeldes e irascíveis, a supremacia da vontade do próprio instrumento anula a interferência das mentes nobres desencarnadas.

Amor – Não estando o Espírito encarnado aclimatado à compreensão dos deveres fraternos em nome do amor que edifica, torna-se, invariavelmente, medianeiro de entidades perniciosas com as quais se compraz.

(*Intercâmbio mediúnico*, Cap. 12, João Cléofas/Divaldo Franco – LEAL.)

19. Os médiuns principiantes, que providências adotarão para disciplinar as suas forças medianímicas?

O aprendiz da mediunidade deve ser dócil à voz e ao comando dos Espíritos superiores, através de cuja docilidade consegue vencer-se, corrigindo os desvios da vontade viciada, adaptando os seus desejos e aspirações aos interesses relevantes que promovem a criatura humana, domiciliada ou não no plano físico, meta precípua do compromisso socorrista a que se candidata a mediunidade.

O estudo renova os clichês mentais, ensejando visão feliz dos quadros da existência que se assinala de esperança e otimismo.

A boa leitura propõe a empatia; ao mesmo tempo colore e ilumina as torpes situações com lúculas de amanheceres felizes. Faculta a reflexão, na qual se recolhem proficientes resultados e estímulos radiosos para o tentame feliz da consciência.

O exercício do bem promove o Espírito, dilatando-lhe a compreensão em torno da divina justiça a revelar-se nas soberanas leis que alcançam todos aqueles que as ludibriaram, convocando cada um ao justo refazimento em ocasião própria.

Se sois candidato ao labor enobrecido da mediunidade e desejais servir com abnegação, fazei da prece uma ação constante e do trabalho edificante a vossa oração libertadora.

Cultivai a brandura, por cujo cometimento conseguireis gerar simpatias em torno dos vossos passos.

Evitai tanto o desalento quanto a presunção, que são inimigos lúridos, a corroerem o metal da alma, desarticulando as engrenagens psíquicas imprescindíveis ao labor a que desejais ser fiel.

Aproveitai sempre de qualquer circunstância ou comentário o lado melhor, a parte boa, de modo a aprenderdes a filtrar os valores bons, mesmo quando ocultos ou mesclados na ganga das paixões dissolventes.

Aprendei o comedimento, selecionando o que podeis e devereis dizer, porquanto o bom médium não é apenas aquele que recebe os comunicados com perfeita sintonia, e sim, o que se abstrai, por seleção automática e natural, às questões deprimentes e perniciosas, como médium que se faz bom para o bem geral.

(*Intercâmbio mediúnico*, Cap. 4, João Cléofas/Divaldo Franco – LEAL.)

20. Que outros atributos caracterizam o bom médium?

Bom médium é aquele que tem consciência das suas responsabilidades e dos seus limites, tudo fazendo por burilar-se à luz do pensamento cristão, agindo na ação da caridade incessante, com que bem se arma para vencer as próprias imperfeições.

A Humanidade sempre exibiu pessoas superdotadas em todos os campos, as quais, por presunçosas e precipitadas, sem disciplina nem respeito aos próprios e aos alheios valores, quantas vezes não se atiraram a fundos abismos, donde não conseguiram erguer-se?

Por isso que a mediunidade, para o desempenho da relevante tarefa espírita, requer homens que se desejem educar no bem, disciplinar-se e oferecer-se, no anonimato, se possível, ou discretamente, quando as oportunidades assim o exigirem, ao trabalho do amor e da iluminação da Terra. Para tanto, o estudo consciente e sistemático, o trabalho metódico – na vida social cumprindo com os seus deveres, sem transformar-se em parasitas a pretexto da *missão* que devem desempenhar, como nos serviços espirituais com pontualidade e assiduidade –, o cultivo da oração e da vigilância, a par da prática da caridade no seu sentido elevado, constituem os antídotos à obsessão, ao desequilíbrio, em prol da própria paz e da felicidade entre todos.

Nunca será demais que os médiuns se voltem para a reflexão, o silêncio interior e o mergulho mental nas lições do Evangelho em que haurirão inspiração e resistência para as contínuas lutas contra o mal que, afinal, reina dentro de todos nós.

Nem é miserabilidade espiritual, nem instrumento de jactância e orgulho a mediunidade.

Conhecer-lhe os recursos, cada dia descobrindo novas sutilezas e novas possibilidades, e fazer-se médium do bem em todo lugar são medidas providenciais para o bom uso da faculdade, com excelentes resultados para si próprio e para a sociedade.
(*Enfoques espíritas*, Cap. 21, Vianna de Carvalho/Divaldo Franco – LEAL.)

EDUCAÇÃO

21. O médium educa a mediunidade ou educa-se para exercê-la?

Educar-se incessantemente é dever a que o médium se deve comprometer intimamente a fim de não estacionar, e, aprimorando-se, lograr as relevantes finalidades que a Doutrina Espírita propõe para a mediunidade com Jesus.
(*No limiar do infinito*, Cap. 10, Joanna de Ângelis/Divaldo Franco – LEAL.)

22. Diante desse conceito de educar-se para a mediunidade, que investimentos o médium deve fazer para exercer sua faculdade com proficiência?

O *exercício* da mediunidade impõe equilíbrio, perseverança e sintonia.

A *disciplina*, moral e mental, criará hábitos salutares, que atrairão os Espíritos Superiores interessados no intercâmbio entre as duas esferas da vida, facilitando o ministério.

O *equilíbrio*, no comedimento de atitudes, durante a absorção dos fluidos e posterior comunhão psíquica com os desencarnados auxiliará de forma eficaz na filtragem do pensamento e na exteriorização dele.

A *perseverança* no labor produzirá um clima de harmonia no próprio médium, que se credenciará ao serviço do bem junto aos obreiros da Vida Mais Alta, objetivando os resultados felizes.

A *sintonia* decorrerá dos elementos referidos, porque se constitui do perfeito entrosamento entre o agente e o percipiente na tarefa relevante.

Transitória e fugaz, a mediunidade, para ser exercida, necessita da interferência dos Espíritos, sem o que a faculdade, em si mesma, se deteriora e desaparece. Quanto mais trabalhada, mais fáceis se fazem os registros, cujas informações procedem do Além-túmulo.

*

As disposições morais do médium são de vital importância para os cometimentos a que ele se vincula pelo impositivo da reencarnação.

Não apenas o anelar pelo bem, mas o executar das ações de enobrecimento.

Não apenas nos instantes ao mister dedicado, mas num comportamento natural de instrumento da vida;

Sendo o recurso valioso de quem se encontra no meio, na condição de instrumental imprescindível à conscientização do intermediário em favor dos resultados felizes.

A educação do médium, coordenando atitudes, corrigindo falhas de qualquer natureza, evitando estertores e distúrbios, equilibrando o pensamento e dirigindo-o, é técnica que resultará eficaz para uma sintonia correta.

Nesse sentido, a evangelização espírita se impõe em caráter de urgência, evitando-se a vinculação com práticas e superstições perfeitamente dispensáveis.

São os requisitos morais que respondem pelos resultados, favoráveis ou não, na tarefa mediúnica.

(*Oferenda*, Cap. Educação mediúnica, Joanna de Ângelis/ Divaldo Franco – LEAL.)

23. Poderíamos encontrar nas recomendações de Jesus uma diretriz segura para o exercício mediúnico na Terra?

Jesus recomendou com sabedoria aos Seus discípulos portadores de mediunidade: "– *Curai os enfermos, expulsai os demônios, dai de graça o que de graça recebestes*", numa diretriz que não dá margem à evasão do dever, tampouco à acomodação com o erro, à indolência ou à coleta de lucros materiais ou morais, como decorrência da prática mediúnica.

O galardão de quem serve é a alegria de servir.

✳

Doa as tuas horas disponíveis ao exercício da mediunidade nobre: fala, escreve, ensina, aplica passes, magnetiza a água pura, ora em favor do teu próximo, intervém com bondade e otimismo nas paisagens enfermas de quem te busca; ajuda, evangeliza os Espíritos em perturbação, sobretudo, vive a lição do bem, arrimado à caridade, pois mé-

dium sem caridade pode ser comparado a cadáver de boa aparência, no entanto, a caminho da degeneração.
(*Oferenda*, Cap. Educação mediúnica, Joanna de Ângelis/ Divaldo Franco – LEAL.)

24. No processo de educação mediúnica, qual a importância da concentração mental?

Quando solicitamos concentração dos cooperadores, pedimos que as mentes sincronizem no dínamo gerador de forças, que é a Divindade, a fim de podermos catalisar as energias mantenedoras do ministério mediúnico.

A média que resulta das fixações mentais dos membros, que constituem o esforço da sessão mediúnica, oferece os recursos para as realizações programadas.

A concentração individual, portanto, é de alta relevância, porque a mente que sintoniza com as ideias superiores vibra em frequências elevadas.

Quem não é capaz de manter-se no mesmo clima de vibração produz descargas oscilantes sobre a corrente geral, que a desarmonizam à semelhança da estática que perturba a transmissão da onda sonora nos aparelhos de rádio.

Indispensável criar-se um clima geral de otimismo, confiança e oração, o que conduz à produção de energias benéficas, de que se utilizam os instrutores desencarnados para as realizações edificantes no socorro espiritual.

A concentração é, pois, fixação da mente numa ideia positiva, idealista, ou na repetição meditada da oração que edifica, e que, elevando o pensamento às fontes geradoras da vida, dá e recebe, em reciprocidade, descargas positivas de alto teor de energias santificadoras.

Concentrar é deter o pensamento em alguma coisa; fenômeno, a princípio de natureza intelectual, que em breve se torna automático pelo hábito, consoante ocorre nas pessoas pessimistas, enfermiças ou idealistas, e que por um processo de repetição inconsciente mantêm sempre o mesmo clima psíquico, demorando-se nas províncias do pensamento que lhes atrai.

Com o esforço inicial, com o exercício em continuação e com a disposição de acertar, criar-se-ão as condições positivas para o êxito de uma concentração feliz, facilitando, dessa forma, as comunicações espirituais que se sustentam nessas faixas de vibrações.

(*Intercâmbio mediúnico*, Cap. 16, João Cléofas/Divaldo Franco – LEAL.)

25. Qual o modo de concentração a ser praticado pelos participantes de reunião mediúnica?

Algumas correntes espiritualistas recomendam a necessidade da concentração como um veículo para o auto-aniquilamento da personalidade, por meio de cujo mister o Espírito logra atingir o êxtase. Asseveram que esta busca interior concede a plenitude, que liberta a individualidade eterna das amarras tirânicas das múltiplas personalidades decorrentes das reencarnações passadas.

Aprendemos, no entanto, com Jesus, que o trabalho executado com vistas exclusivamente para o êxito do trabalhador pode significar-lhe a morte temporária da possibilidade redentora.

Não obstante respeitáveis os conceitos que preconizam a evolução individual, somos chamados pelo Sublime

Galileu a proceder de maneira que os nossos irmãos da retaguarda avancem conosco, custando-nos, embora, sacrifícios que, sem embargo, o são também daqueles instrutores que seguem à nossa frente, e estagiam esperando por nós.

Em nosso ministério de intercâmbio com os sofredores desencarnados, nas salutares reuniões de esclarecimento espiritual, a nossa concentração não deve objetivar uma realização estática, inoperante, da qual se pudesse fruir o entorpecimento da consciência, sem o resultado ativo do socorro generalizado aos que respiram conosco a psicosfera ambiente.

✴

Concentração dinâmica – eis o ministério a que nos devemos afervorar –, ensejando pelo pensamento edificado aos irmãos que são comensais do nosso mundo mental, momentaneamente, a oportunidade de experimentar lenitivo e esperança.

Concedamos aos perturbadores e perturbados o plasma – alimento mediante o qual se libertem das teias infelizes que os fixam aos propósitos inferiores em que se comprazem por ignorância ou desequilíbrio.

O intercâmbio mediúnico é sublime concessão da Divindade aos que ainda se aferram às ideoplastias desditosas e ao magnetismo da carne, de que não se conseguem libertar, produzindo-lhes choques de vária procedência no instante da psicofonia atormentada ou do intercâmbio refrigerador.

Assim, elevemo-nos em pensamento, fixando-nos no Cristo de Deus, simultaneamente abrindo os nossos braços aos sofredores do caminho, sofredores que somos quase todos nós, em considerando a transcendência da Misericórdia

Divina, de modo a ajudá-los na recuperação da paz de que todos necessitamos...
(*Intercâmbio mediúnico*, Cap. 19, João Cléofas/Divaldo Franco – LEAL.)

EVOLUÇÃO

26. Constitui-se indício de evolução espiritual a presença da mediunidade ostensiva?

Não é sintomática de evolução, às vezes constituindo-se carreiro de aflições purgadoras, que se apresentam com a finalidade específica de convidar a criatura ao reajuste moral perante os Códigos das Soberanas Leis de Deus.

Quando a consciência lhe identifica a finalidade superior e resolve-se por incorporá-la ao seu cotidiano, esplendem-se possibilidades imensas de realização e crescimento insuspeitados.

(*Momentos de Consciência*, Cap. 20, Joanna de Ângelis/ Divaldo Franco – LEAL.)

27. Como entender as possibilidades evolutivas que a mediunidade encerra, em sendo a faculdade vista como um crisol depurador?

A mediunidade que enfloresce em tua alma é concessão da vida para a regularização dos velhos débitos para com a vida.

Compulsando o Evangelho de Jesus Cristo, nele encontrarás os médiuns vencidos pelos tormentos, buscando o Mestre. No entanto, a grande maioria por Ele beneficiada recuperou a paz íntima, calçando as sandálias do serviço edificante, permanecendo, porém, em vigília até o termo da jornada...

Faze o mesmo...

*

Pelo bem que faças, lentamente sairás do pantanal do desequilíbrio onde o passado te precipitou...

Os tormentos de ontem te seguem hoje os passos pela senda da renovação. Tormentos de agora que surgem examinando a robustez da tua fé, são convites sóbrios para que te libertes e encontres paz. Para resistires, elege a oração do trabalho como companheira inseparável da tua instrumentalidade mediúnica, para que os tormentos naturais não encontrem acesso à tua mente, nem guarida no teu coração.

Mediunidade é filtro espiritual de registros especiais. Opera no bem infatigável em nome do Infatigável Bem e procura, médium que és, caminhando pelas mesmas vicissitudes por onde os outros jornadeiam, compreender todos, mesmo aqueles que parecem felizes e distantes dos teus recursos de auxílio...

Herodíades, a infeliz concubina do Tetrarca, dominada por obsessão cruel, fascinou-se pelo Batista e, repudiada, voltou-se contra ele, tornando-se peça principal no seu infamante assassínio...

Enquanto o Senhor pregava na Sinagoga, um Espírito infeliz tomou a boca de um médium atormentado e insultou o Mestre, interrogando... *"que temos nós contigo?"*...

Antes do memorável encontro com o Rabi afável, a jovem de Magdala portava obsessores lastimáveis que a vincularam a compromissos cruéis com o sexo.

Angustiado pai busca o Celeste Mensageiro para atender o filho perseguido por um *"Espírito que o toma, e de repente clama, e o despedaça até espumar"...*

Judas, embora a convivência constante com Jesus, guardando investidura medianímica, deixa-se enredar pelas seduções de mentes perturbadas do Além.

Considera a mediunidade como meio de sublimação.

Raros, somente raros médiuns trazem o superior mandato consigo. A quase totalidade, no entanto...

O médium falante, cuja boca se enriquece de expressões sublimes, muitas vezes é um coração sensível ligado a compromissos e erros dos quais não se pode libertar; o médium escrevente, por cujas mãos escorrem os pensamentos divinos, compondo páginas consoladoras, quase sempre caminha sob sombras de angústias interiores, sem forças para colocar a luz viva do Mestre na mente turbilhonada; o médium curador, que distende os recursos magnéticos da paz e da saúde e que parece feliz na sua posição socorrista, é, invariavelmente, alma em perigo, entre as injunções de adversários impiedosos do mundo espiritual, que lhe sitiam a casa íntima, apedrejando-o com sofrimentos de todo jaez; o médium que enxerga, através de percepção especial e que surge como abençoado donatário da mediunidade superior, na maioria das vezes tem os olhos perturbados por visões cruéis, que retratam os seus dramas íntimos, fugindo de si mesmo, sem forças para continuar; o médium que reflete o pensamento social, em acórdãos, nos tribunais da justiça terrena, ignorando a sua posição de medianeiro entre as forças do bem e o mundo dos homens, pode ser um pobre obsidiado pelas mentes vigorosas e vingadoras da Erraticidade inferior...

(*Dimensões da Verdade*, Cap. Médiuns em Tormento, Joanna de Ângelis/Divaldo Franco – LEAL.)

OBSESSÃO

28. Como e por que se dá a obsessão no exercício mediúnico?

Escolho à educação e ao exercício da mediunidade, a obsessão é vérmina a corroer o organismo emocional e físico da criatura humana.

Somente ocorre a parasitose obsessiva quando existe o devedor que se torna maleável, na área da consciência culpada, que sente necessidade de recupcração.

Conservando a *matriz* da inferioridade moral no cerne do ser, o Espírito devedor faculta a vinculação psíquica da sua antiga vítima, que se lhe torna, então, cruel cobrador, passando à posição de verdugo alucinado.

Estabelecida a sintonia, o vingador ensandecido passa a administrar, por usurpação, as energias que absorve e lhe sustentam o campo vibratório em que se movimenta.

A obsessão é obstáculo à correta educação da mediunidade e ao seu exercício edificante, em face da instabilidade e insegurança de que se faz portadora.

A síndrome obsessiva, no entanto, revela a presença da faculdade mediúnica naquele que sofre o constrangimento espiritual dos maus Espíritos, pois estes somente a exercem como expressão da ignorância e loucura de que se fazem objeto, infelizes que também o são nos propósitos que alimentam e nas ações que executam.

A desorientação mediúnica, em razão de uma prática irregular, faculta obsessão por fascinação e subjugação a longo prazo, de recuperação difícil. Nesse sentido, a parasitose obsessiva pode, após demorado curso, dar lugar à distonia nervosa, o que facilita a instalação da loucura em suas variadas manifestações.

(*Médiuns e Mediunidade*, Cap. 16, Vianna de Carvalho/ Divaldo Franco – LEAL.)

29. É a mediunidade por si mesma responsável pela eclosão do fenômeno obsessivo?

Não é. Porém, é a mediunidade que responde pela eclosão do fenômeno obsessivo. Aliás, através do cultivo correto das faculdades mediúnicas é que se dispõe de um dos antídotos eficazes para esse flagelo, porquanto por meio delas se manifestam os perseguidores desencarnados, que se desvelam e vêm esgrimir as falsas razões nas quais se apoiam, buscando justificar a insânia.

Será, todavia, a transformação pessoal e moral do paciente que lhe concederá a recuperação da saúde mental, libertando-o do cobrador desnaturado.

O processo de reequilíbrio, porém, é lento, exigindo altas doses de paciência e de amor por parte do enfermo, como daqueles que lhe compartilham a experiência afetiva, social, familiar.

Sujeita a recidivas, como é compreensível, gera desconforto e desânimo, levando, desse modo, os que nela se encontram incursos ao abandono da terapia refazente, à desistência da luta, entregando-se, sem qualquer resistência, e deixando-se consumir.

Não se manifesta, entretanto, a alienação por obsessão exclusivamente no exercício da mediunidade, sendo comum a sua ocorrência em pessoas totalmente desinformadas e desconhecedoras dos mecanismos da sensibilidade psíquica... Iniciando-se o processo com sutileza ou irrompendo com violência, torna-se o indivíduo, após corrigida a desarmonia, portador de faculdades mediúnicas que jaziam em latência, graças às quais aquela se pôde manifestar.

Seja, porém, qual for o processo através de cujo mecanismo se apresenta, a obsessão resulta da identificação moral de litigantes que se encontram na mesma faixa vibratória, necessitados de reeducação, amor e elevação.

(*Médiuns e Mediunidade*, Cap. 16, Vianna de Carvalho/ Divaldo Franco – LEAL.)

30. *A mediunidade pode ser um meio para sanar os processos obsessivos?*

A mediunidade constitui abençoado meio para evitar, corrigir e sanar os processos obsessivos, *quando exercida religiosamente*, isto é, com unção, com espírito de caridade, voltada para a edificação do *Reino de Deus* nas mentes e nos corações.

Nenhum médium, todavia, ou melhor dizendo, pessoa alguma está indene a padecer de agressões obsessivas, cabendo a todos a manutenção dos hábitos salutares, da vigilância moral e da oração mediante as ações enobrecidas, graças aos quais se adquirem resistências e defesas para o enfrentamento com as mentes doentias e perversas que pululam na Erraticidade inferior e se opõem ao progresso do homem, portanto, da Humanidade.

✶

A obsessão, no exercício da mediunidade, é alerta que não pode ser desconhecido, constituindo chamamento à responsabilidade e ao dever.
(*Médiuns e Mediunidade*, Cap. 21, Vianna de Carvalho/ Divaldo Franco – LEAL.)

Patologias

31. Observadores, estudiosos de gabinetes e diversos aprendizes da mensagem espírita asseveram que as tarefas mediúnicas de socorro aos desencarnados cristalizam psicoses nos médiuns, libertam os doentes desencarnados e encarceram em enfermidades perigosas os intermediários, transmitindo-lhes desaires e sensíveis desequilíbrios que os fazem exóticos. Têm fundamento essas afirmativas?

Sabemos, no entanto, que não têm razão os que assim pensam, quem assim procede.

O médium espiritista tem conhecimento, através da doutrina que professa, dos antídotos e dos medicamentos para manutenção do próprio equilíbrio.

Não há dúvida de que médiuns existem, em todos os departamentos humanos, com desalinho mental de alta mostra e, em razão disso, também nas células espiritistas de socorro eles aparecem, na condição, todavia, de enfermos em tratamentos especiais e demorados. Já vieram em tormentos e se demoram sem qualquer esforço de renovação interior.

O Espiritismo é antes de tudo lar-escola, hospital-escola, santuário-escola para aprendizagem, saúde e elevação espiritual.

Necessário, portanto, que o sensitivo se habilite para as tarefas que lhe cabem, através de exercícios morais de resultados positivos, estudo metódico e constante, serviços de amor, a fim de libertar-se dos velhos liames com os Espíritos infelizes, que permanecem ligados às suas paisagens mentais em vampirismo insidioso e, naturalmente, embora entre enfermos e necessitados, conduza o tesouro da oportunidade libertadora, na mediunidade socorrista.

(*Dimensões da Verdade*, Cap. Sofrimento na Mediunidade, Joanna de Ângelis/Divaldo Franco – LEAL.)

SINTONIA

32. O que poderá ser feito pelo médium para sintonizar com os instrutores espirituais que supervisionam sua tarefa mediúnica?

A questão da sintonia vibratória é de real importância nos cometimentos da educação mediúnica.

À medida que o estudo faculta o conhecimento dos recursos medianímicos, a compreensão da vivência pautada em atos de amor e caridade fraternal propicia um eficaz intercâmbio entre os Espíritos e os homens, que dos últimos se acercam atraídos pelos apelos, conscientes ou não, que lhes chegam do plano físico.

Dínamo gerador e antena poderosa, o cérebro transmite e capta as emissões mentais que procedem de toda parte, num intercâmbio de forças ainda não necessariamente catalogadas, que permanecem sem o competente controle capaz de canalizá-las para finalidades educativas de alto valor.

Nesse contubérnio de vibrações que se mesclam e confundem, gerando perturbações físicas e psíquicas, estimulando sentimentos que se desgovernam, o campo mediúnico se apresenta na condição de uma área perigosa quando não convenientemente cultivado.

Em razão desse inter-relacionamento vibratório, mentes desencarnadas ociosas ou más estabelecem conúbios que desarticulam o equilíbrio dos homens, dando gênese a problemas graves nos diversos e complexos setores da vida.

Agastamento e dispepsia, irritação e úlceras, cólera e gastrite, ciúme e neurose, mágoa e distonia emocional, revolta e dispneia, ódio e extrassístole, entre outros fenômenos que aturdem e enfermam as criaturas, podem ter suas causas nessa sintonia generalizada com os Espíritos, quer encarnados ou desencarnados.

Quando diminuem, no organismo, os fatores imunológicos, sob qualquer ação, instalam-se as infecções.

Campo descuidado, vitória do matagal.

Águas sem movimento, charco em triunfo.

Órgãos que não funcionam, atrofia em instalação.

Indispensável ergueres o padrão mental através do conhecimento espírita e da ação cristã.

O estudo dar-te-á diretriz, oferecendo-te métodos de controle e disciplina psíquica, enquanto a atitude conceder-te-á renovação íntima e conquista de valores morais.

A mente voltada para os relevantes compromissos da vida harmoniza-se, na mesma razão em que as ações de benemerência granjeiam títulos de enobrecimento para o seu agente.

Os Espíritos Superiores respondem aos apelos que lhes são dirigidos conforme a qualidade vibratória de que eles se revestem.

Eis por que a paciência no contato com a dor dos semelhantes envolve o ser numa aura de paz, com sutis vibrações específicas que emitem e recebem ondas equivalentes.

Da mesma forma, a atitude pacífica e pacificadora, o exercício da caridade como materialização do amor fraternal, o perdão indistinto e a compreensão das faltas e deficiências alheias proporcionam um clima vibratório que atrai as Entidades elevadas interessadas no progresso do mundo e das criaturas que nele habitam.

Mente e sentimento, cultivando o estudo e o bem, transformam-se em usina de elevado teor, emitindo e captando mensagens superiores que trabalham para o bem geral.

(*Otimismo*, Cap. 53, Joanna de Ângelis/Divaldo Franco – LEAL.)

33. E como preservar-se, o médium, da sintonia com mentes perniciosas do Mundo espiritual para não se fascinar por fantasias espirituais, nem desviar-se de seus compromissos?

O exercício da mediunidade através da diretriz espírita é ministério de enobrecimento, atividade que envolve responsabilidade e siso.

Não comporta atitudes levianas, nem admite a insensatez nas suas expressões.

Caracteriza-se pela discrição e elevação de conteúdo, a serviço da renovação do próprio médium, quanto das criaturas de ambas as faixas do processo espiritual: fora e dentro da carne.

Compromisso de alta significação, é também processo de burilamento do médium, que se deve dedicar com submissão e humildade.

Exige estudo contínuo para melhor aprimoramento da filtragem das mensagens, meditação e introspeção com objetivos de conquistar mais amplos recursos de ordem psíquica e trabalho metódico, através de cujos cometimentos o ritmo de ação propicia mais ampla área de percepção e registro.

Em razão disso, a mediunidade digna jamais se coloca a serviço de puerilidades e fantasias descabidas, fomentando fascinação e desequilíbrio, provocando impactos e alienando os seus aficionados...

Não se oferece para finalidades condenáveis, nem se torna móvel de excogitações inferiores, nunca favorecendo uns em detrimento de outros.

✳

Corrige a ótica de tua colocação a respeito da mediunidade.

Evita revelações estapafúrdias, que induzem a estados patológicos e conduzem a situações ridículas.

Poupa-te à tarefa das notícias e informações deprimentes, desvelando acontecimentos que te não dizem respeito e apontando Entidades infelizes como causa dos transtornos daqueles que te buscam.

Sê comedido no falar, no agir, no auxiliar.

Reconhece a própria insipiência e dependência que te constituem realidade evolutiva, sem procurar parecer missionário, que não és, tampouco privilegiado, que sabes estar longe dessa injusta condição em relação aos teus irmãos.

Não uses das tuas faculdades mediúnicas para ampliar o círculo das amizades, senão para o serviço ao próximo, indistintamente.

Deixa-te conduzir pelas correntes superiores do serviço com Jesus e, fiel a ti mesmo, realizarás a tarefa difícil e expurgatória com a qual estás comprometido, em razão do teu passado espiritual deficiente.

(*Otimismo*, Cap. 52, Joanna de Ângelis/Divaldo Franco – LEAL.)

34. Qual é a influência exercida pelo padrão vibratório do médium na sua sintonia com os mentores para uma comunicação mediúnica portadora de filtragem ideal?

Porque se interpenetram os mundos corporal e espiritual, estudando o fenômeno mediúnico, não podemos desconsiderar a sintonia perfeita que é fator preponderante para o intercâmbio espiritual.

Criar um clima vibratório padrão que faculte perfeita filtragem mediúnica – eis o cometimento que se deve impor o sensitivo, mediante sensata e cotidiana conduta moral e mental, que lhe propiciará condições sem as quais o tentame de ordem espírita elevada não se consumará.

Sendo a mente uma estação transceptora em ação constante, em torno dela vibram outras mentes, transmitindo e recebendo sem solução de continuidade, de tal modo que, ao serem conseguidas as afinidades de onda, consciente ou inconscientemente, produzem-se os fenômenos parapsíquicos.

Nesse capítulo, somente ocorrem os fenômenos mediúnicos quando os centros receptores são localizados pelos centros emissores encarnados ou desencarnados.

Equivale dizer que o padrão vibratório que o médium alcance é de relevante importância no intercâmbio espiritual.

✶

Conveniente, portanto, que nos predisponhamos para conseguir o tono vibratório de natureza ideal, a fim de ascendermos na direção das emissões mais sutis, conectando com as Esferas mais altas da vida, como *descer,* sem abandonar a faixa do equilíbrio, para sintonizar com as mentes atormentadas de esferas mais densas, nas quais as *ondas* estão sobrecarregadas de *estática*, produzida pelas íntimas distonias de ordem moral-espiritual dos comunicantes.

Com este trabalho de conscientização de deveres e realizações, lograremos desincumbir-nos da tarefa socorrista aos irmãos sofredores, sem que conservemos os resíduos que constituem cargas deletérias nas engrenagens sutis do mecanismo mediúnico.

Habitualmente, por processo de sintonia indireta ou inconsciente, são absorvidos *tóxicos* que se incorporam ao metabolismo orgânico e psíquico e produzem diversas distonias emocionais e algumas enfermidades orgânicas.

Criemos condições interiores capazes de dar uma média de equivalência vibratória padrão para que nosso labor, sob controle do Cristo, possa oscilar na faixa de registro, elevando-a ou descendo-a com segurança, sem os riscos das perturbações que decorrem do irregular exercício da mediunidade.

(*Intercâmbio mediúnico*, Cap. 28, João Cléofas/Divaldo Franco – LEAL.)

35. Como orientar o médium de transe consciente na questão da sintonia?

Na problemática da mediunidade, a questão de relevância não se prende à lucidez pela consciência ou ao sono pela inconsciência para o fenômeno ser autêntico, antes à sintonia que resulta dos processos de vinculação mental do sensitivo com as ideias e interesses que melhor lhe aprouverem.

De pouca monta a celeuma como a desconfiança em torno das manifestações por psicofonia e por psicografia sob o controle consciente do médium.

A relevância está no comportamento moral deste, do que resultará o conteúdo da mensagem, porquanto, de acordo com as construções mentais e o clima psíquico de cada um, serão atraídos os Espíritos que se afinam por semelhança e necessidade emocional.

Sem dúvida, o escrúpulo deve sempre nortear o indivíduo em todos os labores a que se afervore. Todavia, convém não se desconsiderar que o excesso de cautela é tão pernicioso quanto a sua falta.

Não te escuses de produzir mediunicamente, porque se te assomem conflitos, quanto ao estágio na consciência em que por enquanto te encontras.

Procura desincumbir-te do ministério, arrimado às santas intenções, e estruturado nos postulados do conhecimento doutrinário, com cujos valores não tropeçarás.

De forma alguma cultives receios improcedentes, tais como os fantasmas do animismo e da mistificação.

Em todo processo mediúnico, intelectual ou físico, sempre encontrarás algo que se exterioriza do instrumento. Nem poderia ser diferente.

Mediunidade, como o próprio nome diz, é meio. A finalidade é o progresso do medianeiro, como o daqueles que o cercam num como noutro plano da vida.

Consciente das responsabilidades, mantendo lucidez mental durante a ocorrência do fenômeno, não delinquirás.

A vigília auxiliar-te-á a corrigir os excessos e a disciplinar os abusos.

Paulatinamente, mediante o exercício metódico das faculdades mediúnicas, e através da conduta correta no bem, conjugando a oração ao trabalho, lograrás o êxito e os resultados felizes que anelas.

Muito melhor para o trabalho na Seara do Bem o médium consciente, cujos deveres estão em pauta de equilíbrio, aos inconscientes, cujo comportamento os assinala com irresponsabilidade e insensatez.

A consciência ou lucidez durante o transe não te constituam empeço ao desempenho das tarefas que te cabe desenvolver.

(*Rumos libertadores*, Cap. 43, Joanna de Ângelis/Divaldo Franco – LEAL.)

Sofrimento

36. E os infortúnios sociais, desaires, têm alguma relação com a mediunidade?

Conceituam uns, erradamente, que a mediunidade constitui "um calvário" para a criatura humana, sendo, não raro, uma estrada difícil de ser vencida, onde se encontram sombras e dores superlativas... Outros, menos avisados e desconhecedores da sua finalidade, asseveram que os reveses da sorte e as dificuldades socioeconômicas, bem como os problemas de saúde, resultam de encontrar-se a mediunidade mal desenvolvida ou porque o médium, incipiente, não tem desejado trabalhar, a fim de libertar-se das injunções conflitantes, afligentes... Outros ainda ensinam que o não cultivo da mediunidade traz danos lamentáveis, desgraças ao lar e, às vezes, até a morte...

E a mediunidade passa a ser considerada uma punição de que se utilizam as soberanas leis para justiçar os infratores ou para convocá-los ao caminho da retidão.

Em verdade, tais conceitos são destituídos de base legítima e resultam da desinformação e de apressadas opiniões de pessoas passadistas, que arremetem com palpites, desejando fazer proselitismo pelo medo, através de ardis desnecessários, negativos.

Claro que uma faculdade psíquica preciosa, qual a mediunidade, que o Espírito recebe como concessão da Divindade para o seu progresso – exceção feita à mediunidade atormentada, em razão de gravames pretéritos do próprio ser – requer disciplina, exercício correto, estudo, conhecimento das próprias possibilidades, moralidade... Relegada ao abandono, improdutiva ou usada irresponsavelmente, transforma-se em flagício para o seu possuidor, em face de deveres assumidos perante a vida e das ligações com os desencarnados, que se vinculam por naturais processos de afinidade.

Enxada à margem do trabalho, ferrugem inevitável.

Lentes e objetos à umidade, bolor em desenvolvimento.

Pouca movimentação e uso, problemas no equipamento.

São efeitos naturais nas circunstâncias em que as imposições do trabalho não são consideradas.

(*Enfoques espíritas*, Cap. 21, Vianna de Carvalho/Divaldo Franco – LEAL.)

37. *A outorga da mediunidade de prova está relacionada com os sofrimentos a expungir por parte do médium, na existência física?*

A faculdade de prova, conforme muito bem a conceituou o Codificador, geralmente é experiência ditosa, a cujo exercício o ser se alça das baixas vibrações para as faixas superiores da vida. As dores e dificuldades a vencer não decorrem do fato mediúnico, mas antes dos débitos do médium, efeito da sua leviandade, invigilância e ações negativas, que ora lhe pesam como justa carga de que se deve liberar, como as demais criaturas, mediante esforço e sacrifício, renúncia e amor. Ainda aí, a mediunidade se lhe torna porta valiosa de alforria, em se considerando os benefícios que pode oferecer aos companheiros de jornada terrena, aos desencarnados aflitos, ou, mesmo, facultando aos seus como aos benfeitores da Humanidade a promoção do progresso do homem

pelo ensino, pela revelação, por meio do intercâmbio feliz, genuíno...
(*Enfoques espíritas*, Cap. 21, Vianna de Carvalho/Divaldo Franco – LEAL.)

38. *E quando o médium que efetivamente se dedica ao labor socorrista apresenta desordens emocionais, físicas e psíquicas e a elas se demora algemado, a que atribuir o fato?*

A mediunidade, como qualquer outra faculdade orgânica, exige cuidados específicos para um desempenho eficaz quão tranquilo.

Os distúrbios que lhe são atribuídos decorrem das distonias emocionais do seu portador que, Espírito endividado, reencarna-se enredado no cipoal das próprias imperfeições, das quais derivam seus conflitos, suas perturbações, sua intranquilidade.

Pessoas nervosas apresentam-se inquietas, instáveis em qualquer lugar, não em razão do que fazem, porém, pelo fato de serem enfermas.

Atribuir-se, no entanto, à mediunidade a psicogênese das nevropatias é dar um perigoso e largo passo na área da conceituação equivocada.

O homem deseducado apresenta-se estúrdio e incorreto onde se encontre. Nada tem a ver essa conduta com a filosofia, a aptidão e o trabalho a que se entrega, porquanto o comportamento resulta dos seus hábitos e não do campo onde se localiza.

Justificam, os acusadores, que os médiuns sempre se apresentam com episódios de desequilíbrio, de depressão ou exaltação, sem complementarem que eles são inerentes à personalidade humana e não componentes das faculdades psíquicas.

Outrossim, estabelecem que os médiuns são portadores de personificações arbitrárias, duplas ou várias, liberando-as durante o transe, favorecendo, assim, as catarses psicanalíticas. Se o fora, eis uma salutar terapia liberativa que poderia propiciar benefícios incontáveis aos enfermos mentais. Todavia, dá-se exatamente o contrário: não se trata de personalidades esdrúxulas do inconsciente as que se apresentam nas comunicações, mas de individualidades independentes que retornam ao convívio humano procedentes do mundo espiritual, demonstrando a sobrevivência à morte e fazendo-se identificar de forma insuspeita, consolando vidas, e, nos casos das obsessões, trazendo valioso contributo às ciências da mente, interessadas na saúde do homem.

Evidentemente, aparecem manifestações da personalidade ou anímicas que não são confundidas com as de natureza mediúnica, decorrentes das fixações que permanecem no inconsciente do indivíduo.

Na área dos fenômenos intelectuais, tanto quanto dos físicos, os dados se acumulam, confirmando a imortalidade do ser, que se despe dos subterfúgios para surgir com tranquila fisionomia de vida plena.

Certamente ocorrem, no médium, estados oscilantes de comportamento psicológico, o que é perfeitamente compreensível e normal, já que a mediunidade não o liberta da sua condição humana frágil.

A interação Espírito e matéria, cérebro e mente sofre influências naturais, inquietantes, quando se lhe associam, psiquicamente, outras mentes, em particular aquelas que se encontram em sofrimento, vitimadas pelo ódio, portadoras de rebeldia, de desequilíbrio.

A tempestade vergasta a natureza, que logo se recompõe, passada a ação danosa. Também no médium, cessada a força perturbadora atuante, desaparecem-lhe os efeitos perniciosos.

Isso igualmente acontece entre os indivíduos não dotados de mediunidade ostensiva, em razão dos mecanismos de sintonia psíquica.

Na mediunidade, em razão dela mesma, a ocorrência cessa, em face dos recursos de que se faz objeto, ensejando um intercâmbio lúcido e um diálogo feliz com o agente causador da desordem transitória.

O estudo e a prática do Espiritismo são o único antídoto para tais perturbações, pelas orientações que proporcionam e por penetrarem na tecedura da faculdade mediúnica, esclarecendo-lhe o mecanismo e, ao mesmo tempo, dando-lhe sentido, direção.

Independendo da escola de pensamento, de fé e de credo, a mediunidade, ínsita no homem, merece ser educada pelos métodos espíritas, a fim de atender às nobres finalidades para as quais se destina, como instrumento de elevação do seu portador e de largos benefícios para as demais criaturas...

Não há problemas decorrentes do exercício saudável da mediunidade.

(*Médiuns e mediunidade*, Cap. XI, Vianna de Carvalho/ Divaldo Franco – LEAL.)

39. Que outras explicações para o sofrimento naqueles que se dedicam à mediunidade?

O médico, o enfermeiro, o assistente social, o servente hospitalar, instalados nos serviços de socorro aos enfermos, respiram o clima de angústia e dor entre expectativas e ansiedade.

Assim também, no campo da assistência mediúnica aos sofredores, o fenômeno é o mesmo.

Quem serve participa do suor do serviço.

Quem ajuda experimenta o esforço do auxílio que oferece.

Quem ama sintoniza nas faixas do ser amado, haurindo as mesmas vibrações...

Liberta-te do receio pelo trabalho, faze assepsia mental pelo estudo e pela abnegação, e prossegue...

(*Dimensões da verdade,* Cap. *Sofrimentos na mediunidade,* Joanna de Ângelis/Divaldo Franco – LEAL.)

2ª PARTE

DIVALDO FRANCO RESPONDE

Benefícios

40. Os Espíritos sofredores carregam as suas dores durante muito tempo, às vezes por décadas e mesmo séculos. Qual o benefício proporcionado a eles, no breve atendimento feito durante a prática mediúnica?

O mesmo bem-estar que logra uma pessoa que se encontra num estado depressivo e conversa com alguém otimista. Aquele primeiro contato não lhe resolve o problema, mas abre uma brecha na escuridão que reina intimamente no campo mental do desencarnado.

Quando alguém está com um problema e vai ao psicanalista, a solução não vem de imediato, porém abre-se um espaço. Na segunda sessão, já deixa uma interrogação, e na terceira aponta-se o rumo a ser seguido, dependendo da profundidade da problemática.

Na prática mediúnica, há um detalhe a considerar que é muito importante: quando o Espírito aproxima-se do médium, este, como uma esponja, absorve a energia positiva ou negativa, a depender do grau de evolução do comunicante. No caso de um Espírito bom, o médium sente uma sensação de euforia, bem-estar e de desdobramento espiritual. Quando se trata de um Espírito sofredor, o sensitivo, ao absorver-lhe a energia, diminui-lhe a densidade vibratória e ele já melhora. Para se ter uma ideia, é como se estivéssemos sufocados por uma compressão íntima a respeito de alguma coisa e, de repente, abríssemos a boca e desabafássemos este estado angustiante. Nesse ínterim, o médium absorve a energia deletéria e, mesmo que não ocorra uma doutrinação correta, a Entidade já melhora, porque perdeu aquela emanação negativa que a desequilibrava.

Os Espíritos sofredores ficam envolvidos dentro de um círculo vicioso, comparado a alguém dentro de uma sala fechada, onde o oxigênio vai ficando viciado à medida que se processa o fenômeno respiratório, por não existir renovação de ar no meio ambiente. No instante em que esta renovação se dá, o indivíduo aspira o ar purificado e sai da situação sufocante.

No fenômeno da psicofonia ou incorporação, o Espírito comunicante sai de um verdadeiro estado de estupor só pelo fato de aproximar-se do campo magnético do médium. Na doutrinação, já se lhe desperta a mente para que, utilizando-se da aparelhagem mediúnica, possa ouvir e mudar a maneira de encarar o seu problema perturbador.

Por mais rápida que seja a comunicação, o Espírito sofredor recebe o benefício eficaz daquele instante, às vezes fugidio.

O mesmo não acontece quando é um espírito calceta. Se vou falar a uma pessoa que está sofrendo honestamente, as minhas probabilidades de êxito em consolá-la são maiores do que falando a uma pessoa rebelde e vingativa. No entanto, embora não se consigam bons resultados no primeiro tentame, pelo menos a Entidade verifica que nem todos estão de acordo com o que pensa, abrindo-se assim uma clareira interrogativa na sua mente.

41. Considerando-se reduzido o número de espíritas, na Terra, em relação à grande quantidade de Espíritos sofredores na Erraticidade, a assistência a esses Espíritos não poderia ser no Mundo espiritual, sem a necessidade das práticas mediúnicas no campo físico?

Certamente, e é dada. Os benfeitores espirituais não necessitam de nós para essa finalidade; nós, sim, necessitamos deles.

Qualquer pessoa que leia a coleção André Luiz toma conhecimento das reuniões realizadas no Mundo espiritual, onde Espíritos-médiuns funcionam no atendimento às entidades atrasadas ou captam o pensamento dos seres superiores. Em toda a coletânea de Manoel Philomeno de Miranda, constituída de várias obras sobre mediunidade e obsessão, consta que, terminadas as reuniões mediúnicas no plano terreno, funcionando como um prolongamento destas, continuam, fora do campo físico, os trabalhos de socorro espiritual, nos quais os Espíritos se utilizam dos médiuns desencarnados para ajudarem os médiuns encarnados.

As práticas mediúnicas no plano físico representam um benefício para os médiuns encarnados porque promovem a arte de fazer a caridade sem se saber a quem. Realmente, são poucas as práticas mediúnicas para uma demanda tão grande, mas é uma forma de travarmos contato com o mundo do Além-túmulo, pois, se não existisse o fenômeno da comunicação mediúnica, estaríamos desinformados do que ocorre além da existência física. Cada prática mediúnica é um laboratório de experiências. Há comunicações que nos comovem profundamente, lições que nos despertam, de uma forma intensa, apelos e sugestões de raras oportunidades.

PREPARAÇÃO

42. Existe alguma técnica especial de preparação para os médiuns psicofônicos e os doutrinadores?

Os mentores espirituais generalizam para todos os componentes da equipe mediúnica o mesmo comportamento preparatório, pois os deveres são os mesmos, embora as funções sejam diferentes.

Na questão do médium, em particular, convém promover à véspera do intercâmbio espiritual um estado psíquico favorável, fazendo uma higienização mental compatível para que os mentores comecem a prepará-lo para a reunião do dia seguinte. Não se pode imaginar que o fenômeno de incorporação seja um acontecimento fortuito, a não ser aquele originário do desequilíbrio.

O médium disciplinado pode ser considerado um telefone bem-guardado. Alguém, querendo telefonar, dirige-se ao aparelho e pede licença, com ética, para utilizá-lo. A mediunidade pode ser considerada uma aparelhagem telefônica sumamente útil: deve ser, portanto, preservada.

As Entidades espirituais somente utilizam a nossa faculdade se a facultamos, isto é, se formos disciplinados mentalmente. Podem perturbar-nos, usando outras pessoas, através de mecanismos que fogem à nossa participação. Por exemplo: estamos em casa sentindo um grande bem-estar, surge uma ideia má e reagimos, aparece uma sugestão negativa e refutamos o pensamento; no entanto, nem sempre conseguimos evitar que venha uma pessoa inesperadamente e nos provoque, desajustando-nos psicologicamente. Reagimos com mais facilidade ao que não vemos do que àquilo que está diante dos nossos olhos.

Desta forma, o médium deve preparar-se desde a véspera, colocando-se à disposição dos bons Espíritos.

Existem comunicações que, para serem realizadas, requerem um acoplamento perispírito a perispírito feito 24 horas antes da prática mediúnica. Nos livros de André Luiz e nos de Manoel Philomeno de Miranda todo este mecanismo está explicado com minúcias acerca do que os médiuns sentem. Os médiuns seguros já despertam com o psiquismo predisposto para o que vai acontecer na reunião mediúnica. Mais ou menos telementalizados, torna-se mais fácil a comunicação.

43. Como ocorrem as preparações no Mundo espiritual para as comunicações mediúnicas, por psicofonia, de entidades muito infelizes: suicidas, assassinados, acidentados, obsessores e outros profundamente sofredores?

Os Espíritos são unânimes em afirmar que, em razão da carga fluídica muito densa que os constitui ou nas quais se movimentam essas Entidades, normalmente os médiuns, quando em estado de desdobramento pelo sono natural, são levados às Regiões em que elas se encontram, quando começa a estabelecer-se a sintonia entre ambos: o desencarnado e o encarnado que lhe será o instrumento psicofônico. Esse trabalho de identificação fluídica pode dar-se à véspera da reunião mediúnica específica ou mesmo até 48 horas antes.

Isso, porém, não afeta a conduta moral, emocional e física do medianeiro, e se tal ocorresse, ser-lhe-ia uma dolorosa perturbação.

Os médiuns disciplinados dão-se conta da interferência delicada nos painéis da aparelhagem sutil de que são portadores e, desde esse momento, contribuem em favor desses enfermos espirituais, absorvendo e eliminando as energias deletérias, que serão transformadas durante a terapia a que serão submetidos na reunião programada.

É provável que nem todos os médiuns o percebam, tal a sutileza do fenômeno e a sua propriedade. Não obstante, à medida que se lhe apura a sensibilidade, passa a perceber o intercâmbio suave, sentindo-se honrado pela oportunidade de auxiliar o próximo em sofrimento.

Não é de estranhar-se a ocorrência, quando todos sabemos das interferências constantes dos Espíritos em nossos pensamentos, palavras e atos, conforme a questão nº 459 de *O Livro dos Espíritos,* de Allan Kardec.

44. Quais os fatores que concorrem para que os participantes da prática mediúnica durmam no transcorrer dos trabalhos de intercâmbio espiritual e como evitar que isso aconteça?

O Espírito Joanna de Ângelis recomenda que o frequentador repouse algumas horas antes de vir à reunião, a fim de adquirir uma predisposição favorável, desde que a indisposição física ou psíquica perturba o trabalho dos demais.

O problema todo se encontra vinculado ao campo mental do indivíduo. Os Espíritos sintonizam, através de onda específica, ligando psiquicamente os colaboradores uns aos outros. Se este aqui dorme e mais adiante outro se encontra sonolento, os pensamentos se desencontram e cai a corrente vibratória. Faltam estímulos psíquicos aos médiuns para a comunicação e muitas deixam de acontecer. Quem participa de reunião mediúnica tem que criar o hábito de se preparar convenientemente.

Existe a possibilidade de o indivíduo isolar-se, ligando-se diretamente aos instrutores espirituais. Quando isso acontece, o medianeiro torna-se um instrumento maleável nas mãos desses benfeitores e não sofre a deficiência do meio.

Existem casos em que os integrantes sonolentos são envolvidos pelos bons Espíritos em fluidos benéficos para que não seja perturbada a ordem dos trabalhos de atendimento às Entidades sofredoras.

São circunstâncias graves, as que levam ao sono, provocadas ou intensificadas pela indução hipnótica de Espíritos obsessores para que as pessoas fiquem anuladas. Pode-se observar com facilidade que tão logo termina a prática mediúnica não mais se nota qualquer vestígio de indisposição na pessoa sonolenta.

Os fatores principais causadores dessas indisposições são: o cansaço natural e a hipnose obsessiva.

A sugestão para contornar essa situação anômala resume-se em: repousar depois das atividades cotidianas, proceder a uma leitura edificante e adotar um estado íntimo de oração, que é diferente do balbuciar de palavras, impedindo-se, assim, a influência dos hipnotizadores inferiores através de uma defesa consistente contra as ondas vibratórias negativas por eles arremessadas.

45. Na vida moderna nem sempre é possível arranjar-se tempo para uma preparação mental cuidadosa. Neste caso, o que se pode fazer? Deve-se continuar frequentando a reunião mesmo sabendo que pode prejudicar, de alguma forma, a harmonia da equipe mediúnica?

Existe uma disciplina que pode compensar esta dificuldade: o participante da prática mediúnica comparecer amiúde às reuniões doutrinárias para estabelecer um vínculo, que, de certa forma, representa uma preparação.

Pode-se também adquirir o hábito de deitar-se mais cedo na véspera da prática mediúnica. Neste caso, os mentores aproveitam a ocasião para uma preparação no Mundo espiritual, a fim de que, no dia seguinte, o médium apresente-se maleável para atender as entidades programadas. Os instrutores desdobram o medianeiro e acoplam nele o Espírito necessitado das terapias que serão utilizadas durante a doutrinação. No dia seguinte, o médium acorda sentindo mal-estar, que somente desaparece depois da prática mediúnica.

Aqueles que não tenham tempo, no dia da reunião mediúnica, para a preparação necessária, deitem-se mais cedo, leiam uma página edificante, refletindo sobre o seu conteúdo, tenham uma noite tranquila, façam uma assepsia mental cuidadosa, predispondo-se para a atividade do dia imediato. Enfim, façam um pré-operatório, porque, em decorrência da correria da vida atual, a condição física ideal é muito difícil de ser conseguida.

Por esta razão, em nossa Casa, os instrutores espirituais tornaram-se mais flexíveis quanto ao horário, permitindo deixar a porta aberta até a conclusão da leitura. A rigidez de horário, outrora, era devida à vida tranquila que se levava. Hoje, mudou um pouco, porém não significa que devemos negligenciar.

Funcionamento

46. Quais os critérios recomendados pelos mentores espirituais para permitir a frequência de pessoas à prática mediúnica?

Na argumentação racionalista de Allan Kardec – "antes de tentardes fazer alguém espírita fazei-o espiritualista" –, está o bom senso doutrinário, pois reunião mediúnica não é local apropriado para se incutir fé em quem não a possui. Esta lógica do Codificador foi chamada de bronze, desde que uma pessoa não pode acreditar que os Espíritos se comuniquem se não acreditar na sua existência.

Nesse mesmo capítulo, ele faz uma análise a respeito das teorias que negam a realidade do Mundo espiritual. Partindo do nada, examina as várias correntes religiosas e filosóficas para poder, através de deduções, chegar à certeza filosófica da existência dos Espíritos. Posteriormente, nos capítulos sucessivos de *O Livro dos Médiuns*, faz uma análise dos vários tipos de mediunidade com as suas características.

Assim, para que uma pessoa possa conscientemente participar da prática mediúnica é necessário, em primeiro lugar, conhecer os postulados espíritas, inclusive a mediunidade.

É muito comum pessoas envernizadas de falsa cultura dizerem: – "Eu não creio". Deixam a impressão de que o fato de elas afirmarem que não creem, dá-lhes autoridade para negar a realidade. Embora alguém assevere a sua descrença, não invalida a existência real do que nega, em nenhum ângulo. Por isso é necessário que a pessoa tenha percorrido antes o caminho da cultura espírita, em torno do assunto, para chegar a uma conclusão positiva ou negativa.

O Espiritismo é, sobretudo, uma doutrina de bom senso. A mediunidade funciona como porta de informação. Logo, é necessário saber-se o que ela é e como ocorre o transe mediúnico para se inteirar do que se passa durante a sua prática.

Não raro, quando uma pessoa presencia outra em transe e acontece algum paroxismo ou estertor, imediatamente o observador, que não conhece o Espiritismo, taxa o fenômeno de histeria, na maioria das vezes desconhecendo o significado dessa palavra.

Quando as características do fenômeno apresentam uma pessoa falando em transe, é comum que digam: – é dela mesma – afirmativa feita sem nenhum critério de avaliação, indicando o despreparo deste tipo de personalidade.

Para se evitar o enxovalhamento do fenômeno mediúnico é imprescindível selecionar-se os componentes do grupamento de trabalho para o intercâmbio com os desencarnados.

Portanto, a mediunidade tem de ser examinada para que a pessoa saiba o funcionamento dos seus mecanismos e, assim, adquira o senso de avaliação. Na convivência grupal passa a conhecer de perto os demais participantes da prática mediúnica.

Este é o seguro critério doutrinário.

47. Qual o tempo de duração de uma prática mediúnica?

Um tempo ideal para a prática mediúnica é de noventa minutos, incluindo-se a preparação com as leituras doutrinárias que, por princípio de disciplina, não devem ser alongadas.

48. As comunicações são programadas de antemão pelos instrutores espirituais?

Sempre, mesmo quando alguns Espíritos dizem que não. Interessante ressaltar que as barreiras magnéticas existentes impedem a entrada no recinto da reunião de entidades não programadas, isto no caso de uma prática mediúnica séria, com assistência disciplinada. Quando essas Entidades acham que romperam a proteção magnética é porque, na verdade, foi facilitado o seu ingresso no local do intercâmbio espiritual.

Vamos admitir que uma pessoa seja invigilante e atraia o seu desafeto: a entrada deste é vetada, embora o indivíduo possa estabelecer uma vinculação com esse Espírito odiento, de ordem puramente psíquica e a distância. O médium atormentado poderá ensejá-la por meio de telementalização, o que dá margem a alguém, inadvertidamente, achar que as defesas magnéticas da reunião foram insuficientes para impedir tal ocorrência.

49. As manifestações de mentores ocorrem durante a prática mediúnica com fins desobsessivos?

Na parte final. Depois que se dão as comunicações para o tratamento aos sofredores, há sempre um espaço reservado para mensagens reconfortantes de Entidades luminosas. O médium torna-se receptivo e aguarda. Não acontecendo nenhuma comunicação deste porte, o dirigente encarnado dos trabalhos de intercâmbio espiritual encerra a reunião.

Podem ocorrer, também, durante este espaço final, por interferência dos mentores, comunicações de Espíritos muito perversos ou de inimigo pessoal de qualquer dos componentes do grupo, ocasiões em que é possível se comunique, paralelamente, um instrutor para orientar o dirigente encarnado no sentido de que ele conclame todo o grupo a uma postura mental compatível com as necessidades do momento, enquanto os doutrinadores são avisados do tipo de tratamento que deve ser dispensado ao Espírito comunicante.

Todavia, o mais comum, no final, é um médium ser instrumento de um mentor espiritual que venha dar uma mensagem de alevantamento moral.

50. Quantos Espíritos devem manifestar-se por um mesmo médium em cada reunião e qual deve ser o tempo de duração da incorporação?

Tratando-se de um grupo com muitos médiuns atuantes, duas comunicações são suficientes para cada sensitivo; excepcionalmente, três. Deve-se evitar um número maior de passividades por causa do desgaste físico e psíquico do médium.

O tempo ideal de uma incorporação fica entre cinco e dez minutos, no caso de Espíritos sofredores. Quanto aos mentores espirituais, não há uma estipulação de tempo porque eles revigoram o medianeiro enquanto se comunicam.

A depender do número de doutrinadores, quando houver várias comunicações simultâneas, é conveniente os demais médiuns controlarem-se até que haja um momento favorável. Observa-se, quanto a isto, um fato curioso que se dá muito na vida social: estamos numa reunião, as pessoas estão caladas, constrangidas; repentinamente alguém fala, outro se anima e daí a pouco todos estão falando ao mesmo tempo, porque se quebrou a inibição. Na prática mediúnica também se dá o mesmo: no início dos trabalhos acontece aquele silêncio, até que um mais corajoso resolve começar as passividades; os outros se estimulam e a partir daí acontecem várias comunicações simultaneamente. Dão-se, nesta ocasião, dois efeitos: o psicológico, de inibição, que foi quebrado, e o de "contaminação" no sentido figurado da palavra: a irradiação de um comunicante, por um médium, afeta o sistema nervoso de outro que, encontrando-se na mesma faixa mental, facilita a comunicação.

O ideal é que se espere um pouco, enquanto outros médiuns estão em ação. Na impossibilidade de assim proceder, deve-se dar campo, porque na hipótese de se ter um bom grupo de doutrinadores, pode-se atender até três comunicações simultâneas, desde que seja em tom de voz coloquial.

POSTURAS

51. É justo que o frequentador de reunião mediúnica permaneça, o tempo inteiro, desejando comunicações de Espíritos que tenham ligações com ele?

Causa-nos surpresa, muitas vezes, a qualidade das comunicações nas práticas mediúnicas. Normalmente, alguém que tem uma mãe, um pai ou irmão desencarnado, quando passa a frequentar uma reunião mediúnica, espera logo que venha o familiar conversar com ele para dar-lhe uma prova da imortalidade da alma e, por conseguinte, da continuidade da vida além da sepultura. Raramente isso acontece. As comunicações que ocorrem são geralmente de Espíritos sofredores. Por que será? Por uma razão muito lógica: a prática mediúnica não se destina a dar fé a quem não a tem; a sua finalidade é de ordem terapêutica para o atendimento aos desencarnados que sofrem. Daí, ser dividida em duas partes: a de educação mediúnica, também conhecida como de desenvolvimento, e a de desobsessão, funcionando como terapia para os problemas psíquicos.

52. *Quando o doutrinador perceber no médium, durante a comunicação, alguns exageros de expressão, tendências ao descontrole, como deverá proceder?*

O doutrinador se desloca até próximo do médium e, caso o Espírito esteja a impulsioná-lo a falar muito alto, dirá: – *Não é necessário gritar.* Se o Espírito retrucar dizendo: – *Eu vou fazer isto ou aquilo...*, o doutrinador contra-argumentará, e quando exceder dos limites apelará para o médium: – *Peço para reagir. Controle um pouco.* Isto porque o Espírito utiliza o estado de excitação nervosa do sensitivo e, à medida que se comunica, vai apossando-se do seu sistema nervoso central, assim como do sistema simpático, provocando um mal-estar que vai tomando conta da aparelhagem mediúnica. Não havendo os cuidados necessários, poderá acontecer exacerbação de comportamentos, culminando na quebra de utensílios existentes no recinto. Apelando-se para o médium, produz-se um choque capaz de alertá-lo, levando-o a se controlar e a controlar melhor o comunicante.

Quando o médium concentra-se mentalmente, há uma irradiação da aura. Com a aproximação do Espírito, o psiquismo deste mistura-se com a aura do sensitivo. À medida que a concentração se firma, funciona como um ímã atraindo a limalha de ferro. Desta maneira, o Espírito mais adere ao médium, porém não entra no seu corpo. Imantando-se, a sua energia psíquica toma conta do sistema nervoso do sensitivo e provoca as reações automáticas, as contorções, as batidas de mesa, o desespero.

Deve ser ressaltado que durante a comunicação, o Espírito encarnado está sempre vigilante. Ele não sai para que o outro entre. Apenas se afasta um pouco, e neste interstício do perispírito é que se dá a comunicação. Apelando-se para o médium, ele tem que reagir imediatamente, colaborando efetivamente para normalizar os excessos existentes.

O médium não se deve esquecer de que é passivo, não se molestando com as observações do doutrinador, que, por sua vez, pode e deve orientá-lo após a prática mediúnica, dizendo mais ou menos assim: – *Hoje, eu notei que as comunicações não foram muito seguras; notei umas tintas anímicas; dei-me conta de que você estava muito intranquilo e não se concentrou com o aprimoramento habitual*. A seu turno, não cabe ao médium achar logo que se trata de uma censura.

Certa vez fui constrangido a ser rude: numa das nossas reuniões mediúnicas, determinada comunicação não foi satisfatória e eu, de forma natural, com muita delicadeza, disse ao médium, no final: – *Pareceu-me que hoje você não estava bem!*

Respondeu-me, o sensitivo, com um toque de grosseria: – *Por acaso você está achando que eu estava mistificando?*

Retruquei-lhe: – *Estou.*

Não era minha intenção dizer isso, mas, em verdade foi uma mistificação, embora sem nenhuma intenção premeditada.

A pessoa tomou um choque e então eu complementei: — Pois é, ia conversar sobre o assunto com toda a gentileza. Por que razão você se referiu à mistificação? *Isto comprova que no seu inconsciente você sabia não ser uma comunicação autêntica. Nunca obrigue ninguém a ser rude com você.*

Na realidade, não era uma comunicação mediúnica no sentido exato da palavra; não existia má-fé, porque a pessoa não programara aquilo que fora dito.

Quando o médium, concentrado, sentir o estímulo, e ele próprio acelerar as ideias, isto não é uma comunicação, tampouco animismo, é uma mistificação do *ego* consciente.

Por esta razão é que o doutrinador deve esperar um pouco para que o Espírito se acople e induza o médium a exteriorizar as sensações.

53. Nos casos em que o doutrinador não conduza adequadamente o esclarecimento, criando embaraços para o médium, como este deverá se comportar?

O papel do médium no processo de intercâmbio espiritual deve ser, pura e simplesmente, de traço de união com o mundo das causas. Se a Entidade está emitindo uma onda de ideias de tal teor e o doutrinador está seguindo por uma estrada completamente diferente, o médium deve abster-se, quanto possível, de fazer qualquer tipo de julgamento a respeito do êxito do atendimento. A sua função é transmitir as sensações físicas e os pensamentos do Espírito enfermo.

Há muitos anos, numa prática mediúnica em nossa Casa, uma Entidade muito sofredora se comunicou por meu intermédio. Era o Espírito de uma senhora que havia desencarnado na ocasião do parto. Quando ela começou a sentir as cólicas da dilatação da bacia para expulsar o feto, veio a desencarnar inesperadamente.

No instante em que o Espírito incorporou, comecei a sentir uma grande indisposição no estômago, acompanhada de mal-estar, falta de ar, enjoo. Quando o doutrinador começou a falar, deu-me uma vontade de sair dali correndo, tal a maneira despropositada com que era feita a doutrinação. Em vez de utilizar os recursos do passe, da sugestão mental otimista para diminuir o estado de paroxismo em que se encontrava o Espírito, ele resolveu apenas dizer palavras sem nenhuma expressão socorrista. Encontrando-me ainda num semitranse, comecei a pensar: – *Ah! Meu Deus, não vou aguentar.* Finalmente a incorporação se consumou e eu perdi a consciência. Quando voltei ao normal sentia dores físicas atrozes que perduraram durante três dias.

Posteriormente, contei a alguém que teve doze filhos: – *Fulana, estou com uma dor aqui nos rins e nos quadris, horrível.* Ela retrucou: – *Divaldo, isto é dor de parto*!

Mais tarde, conversando com D. Yvonne Pereira, fui por ela informado que, quando ela estava psicografando *Memórias de um Suicida*, era acoplada ao Espírito que se ia comunicar com dois dias de antecedência e passava mal. Depois da comunicação passava dois ou três dias com aquela carga fluídica negativa.

Por isso, a mediunidade é um ministério sagrado de amor. A benfeitora Joanna de Ângelis já me disse: – *O médium que se desincumbe bem da sua tarefa realiza duas re-*

encarnações em uma só. Além de cidadão comum com seus conflitos, dramas, tarefas, é também o homem que vive, no sentido genérico, outra existência de abnegação, renúncia e sacrifício, em outra esfera. Vale a pena a pessoa dedicar-se integralmente à mediunidade com Jesus, porque as alegrias são imensas.

54. Como devemos proceder perante um fenômeno mediúnico no Evangelho no Lar?

Tratando-se de uma interferência perniciosa, pedir à pessoa que reaja. O fundamento do Evangelho no Lar é criar um psiquismo saudável para a família e não o psiquismo de seres enfermiços. Os Espíritos doentes vêm e participam, mas para aprender e curar-se, não para se comunicar. Tratando-se de uma Entidade veneranda, não irá perturbar, saberá esperar o término do Evangelho para, uma que outra vez, oferecer a sua contribuição, interpretando a palavra, dando conselhos. Mas – repetimos – não habitualmente, para que não se transforme uma reunião particular, familiar, em reunião com caráter mediúnico.

O Evangelho no Lar é uma terapia preventiva para problemas. Os Espíritos vêm como assistentes e não para interferir.

55. Que conselho você dá aos médiuns principiantes que ainda não sabem definir bem os limites entre suas ideias e as que vêm dos Espíritos?

Quando sentirem algo, deem expansão. Não tenham a preocupação de monologar: *– Ah! Será que sou eu mesmo?*

A prática mediúnica é um laboratório. Estamos participando dela como intermediários do bem e não como cientistas ou pesquisadores à cata da perfeição absoluta.

O trabalho de intercâmbio espiritual deve ser considerado como uma atividade de "catacumba", numa comunhão estreita com os Espíritos benévolos. Deve-se dar campo à comunicação, cabendo ao doutrinador avaliar se é fenômeno anímico, mediúnico ou nervoso. Deixa-se a porta aberta e, em caso de dúvida, pergunta-se ao doutrinador no término da prática mediúnica: – *O que você achou daquela comunicação?* Deve existir um mínimo de confiança entre os componentes de uma reunião mediúnica, porque, havendo esse clima, a resposta virá com naturalidade. Caso o doutrinador diga: – *Bem, eu achei que foi mais um fenômeno nervoso. Procure relaxar mais.* Isso não desonra ninguém. Pode-se ter uma crise nervosa em casa, por que não pode acontecer também na sala mediúnica? O sistema nervoso atua em qualquer lugar, e principalmente na prática mediúnica, onde se processam intensas reações eletromagnéticas.

Quando o fenômeno for anímico, o doutrinador deve dizer ao médium: – *Você está com as ideias muito fixas.* Cabe ao sensitivo refletir e controlar-se.

Na hipótese de Entidades muito repetitivas, e elas sempre retornam com os mesmos chavões, o médium deve controlar mentalmente, dialogando com o Espírito: – *Absolutamente. Ou você incorpora e se comunica dando toda a mensagem ou então não permito a comunicação.* Isso deve ser feito para que o Espírito não fique explorando o fluido do sensitivo.

No caso em que a Entidade fique externando pensamentos repetitivos, como por exemplo: – *Eu vou matá-lo, eu mato, eu mato...*, levando um tempo infindo a repetir as mesmas palavras para perturbar a sensibilidade do médium e impedir que outros Espíritos se comuniquem, cabe ao medianeiro ajudar o comunicante, dizendo: – *Informe a que veio ou não lhe dou campo mental.*

DÚVIDAS

56. Observam-se médiuns com permanentes dúvidas quanto à autenticidade das comunicações, mesmo quando estas ocorrem por seu intermédio. Como superá-las?

Insistindo no exercício da educação mediúnica.

Sempre usamos uma imagem um tanto grotesca. Quando se vai ao dentista, a primeira frase que ele pronuncia é: – *Abra a boca.* Se nós dissermos: – *Não vou abrir,* nada poderá ser feito.

Na prática mediúnica, a primeira atitude do sensitivo é abrir a boca (da alma) e ficar aguardando a ideia para exteriorizá-la.

A tarefa do doutrinador – que conhece a pessoa – é a de examinar o que o médium está falando. Daí, a necessidade do relacionamento antecipado para aquilatar a qualidade do comunicado.

Segundo Allan Kardec, no fenômeno mediúnico há nuanças de natureza anímica, porque é da personalidade. Se o Espírito dá um recado, o médium transmite-o da forma como entendeu, por uma razão a considerar: o pensamento do comunicante possui uma linguagem universal, portanto, a interpretação é feita pelo intermediário.

O médium não é uma máquina gravadora. Se alguém, no final dos trabalhos nos perguntar como foi a prática mediúnica de hoje, vamos contar conforme a entendemos. Vai ser autêntico porque retrata o espírito do trabalho de intercâmbio espiritual e será também um fenômeno pessoal, porque as ideias são vestidas com as palavras do narrador.

Ninguém pode esperar, durante a prática mediúnica, que se comunique um Espírito falando grego ou turco imediatamente. Ele tem que usar o médium. Se o sensitivo não teve nenhuma encarnação na Grécia ou na Turquia não poderá falar o idioma desses países, simplesmente, porque não possui matrizes sedimentadas no seu perispírito para que se dê o fenômeno de xenoglossia.

Um exemplo: sou um indivíduo analfabeto e digo a duas pessoas: – *Dê este recado a beltrano*. Uma de média cultura e outra lúcida. Pergunta-se: – *Quem dará melhor o recado?* – A que tiver melhor capacidade intelectual, é o lógico. Assim é na questão da mediunidade: os médiuns mais bem-dotados possuem uma capacidade maior de transmitir o pensamento das Entidades comunicantes.

É preciso também adicionar-se aí o fator filtragem, que é fruto de um trabalho de educação mediúnica, a longo curso, no qual se incluem a sintonia e o exercício.

Inibição

57. Como alguém extremamente inibido, principalmente nas atividades mediúnicas, pode vencer esta deficiência?

Habituar-se, logo após a concentração, ao registrar a presença e as impressões do comunicante, a abrir a boca e falar. Toda vez que nos mantivermos em posição de expectativa para receber as ideias do Espírito comunicante e deixarmo-nos dominar pela inibição o fenômeno não se desenvolve, a não ser no caso de violência obsessiva.

Ao concentrar-se, o médium pode pensar – *Estou lá no meu quarto conversando com fulano. Meu amigo quer falar e eu vou transmitir o seu recado.* E fale sem receios. As frases se formam com admirável fluência. O mesmo acontece numa palestra. O palestrante vai expor o tema, e a ideia vem surgindo paulatinamente. Surge a primeira frase, e o expositor fica esperando a seguinte; de repente, as ideias fluem de tal forma que é difícil controlá-las.

Portanto, surgindo a ideia na mente do sensitivo, ele se deve empolgar, porque o empolgamento facilita sobremaneira a comunicação, enquanto a inibição a coíbe.

Por sua vez, estando-se a participar de um trabalho mediúnico, deve-se ter em mente a possibilidade de surgirem construções no campo mental que são de ordem pessoal. Porém, quando se trata de um Espírito, essas vêm acompanhadas de sensações outras, no tórax, em outra parte do corpo, chegando, às vezes, a ter-se a impressão de um elevador que vai descendo vertiginosamente. Em outros tipos de incorporação surge o pré-desmaio ou então a sensação de que as mãos estão frias, não querendo com isso dizer-se que elas fiquem frias, porém é como o médium as sente por causa da diminuição da circulação do sangue.

O primeiro sintoma da manifestação mediúnica é caracterizado pela aceleração ou diminuição da circulação sanguínea, acontecendo diminuição quando se comunicam Entidades superiores e aceleração no caso de Espíritos sofredores. Isso porque os sofredores, quando atuam no sistema nervoso do médium, determinam a liberação de maior dose de adrenalina, daí a aceleração, enquanto os mentores provocam um *relax*, produzindo a diminuição do fluxo circulatório para o transe. Nesse caso, o médium sente uma sensação de paz, e o timbre de voz vai diminuindo – embora não se queira dizer que todo Espírito superior tenha de falar devagar, pois existem aqueles que falam rápido, a depender, portanto, da personalidade, cabendo ao médium fazer estas diferenciações no transcorrer do tempo.

O conselho final para os médiuns em desenvolvimento se resume em darem campo mental, a fim de que o fenômeno ocorra, normalmente.

58. Sinto a inspiração, mas em seguida vem a inibição – descreve o médium –, *e logo depois vêm o conflito e a frustração. A minha intenção é colaborar, estar disponível, no entanto, não consigo vencer a inibição. O que devo fazer?*

Deve-se partir da seguinte premissa: primeiro vem a inspiração, depois é que chega o conflito. Neste ínterim, diga para si mesmo: – *Eu posso dizer palavras de paz e edificação.*

Quando o doutrinador, para que a mente dos componentes da prática mediúnica não permaneça vazia, sugere – "Oremos!" –, e o médium, neste momento, sentir o impulso de falar, estando dentro do tempo estabelecido para comunicações de entidades felizes, deve abrir a boca e deixar fluir o que vem na mente. Se não for um Espírito desencarnado, é o Espírito do médium dizendo palavras salutares e benéficas que todos irão ouvir. Se não vier nenhum nome para rotular no final, não diga.

O grande fator inibidor é a preocupação que sentimos a respeito da opinião das outras pessoas. O melindre, quanto à opinião alheia a respeito da nossa integridade moral, funciona como elemento de alta carga inibidora. O conselho que damos é lembrarmo-nos sempre de uma realidade da qual não podemos fugir nunca: existe um hábito enraizado na personalidade humana levando os indivíduos a duvidarem de todo mundo, e não seremos nós a exceção.

Deficiências

59. Por que, em determinadas práticas mediúnicas, a quantidade e a qualidade das comunicações não atingem valores ideais? Faltam Espíritos para se comunicar ou se trata de deficiências dos médiuns?

Deficiências dos médiuns e do grupo. Segundo informação do Mundo espiritual, existem na psicosfera terrestre cerca de 21 bilhões de desencarnados. Se não existem comunicações em número relativo à quantidade de médiuns, é porque inexiste sintonia dos intermediários com o Mundo espiritual. A questão da qualidade das comunicações está diretamente relacionada com o desenvolvimento da mediunidade, educação e filtragem mediúnica. No caso da sintonia, o dirigente encarnado pode fazer uma conclamação aos médiuns para maiores cuidados na preparação que antecede a prática mediúnica. No outro caso, é um trabalho pessoal de autoaperfeiçoamento de cada sensitivo, com reflexos no desempenho da faculdade.

Para corrigir, de alguma forma, a deficiência da sintonia, toda prática mediúnica séria tem na sua pauta uma preparação antecipada, feita através de leitura edificante, para fixar a mente dos componentes da equipe dentro da temática do assunto que foi lido. Fazendo-se uma meditação antecipada, fica mais fácil concentrar-se convenientemente, porque se promove um dinamismo mental que impede a presença do entorpecimento e do sono.

Os mentores espirituais dão mensagens válidas, sugerindo, por exemplo: — *Coloque-se no lugar do desencarnado; imagine-se num vale de sofrimento por dezenas de anos, sem um conforto, sem amigos. Como você ficaria grato a esta porta que lhe deu acesso à liberdade!*

O Espírito Adolpho Bezerra de Menezes, indagado por mim sobre a maior alegria que ele sentiu ao chegar ao Plano espiritual após a sua desencarnação, respondeu-me:

— *Depois de encontrar o Espírito Celina, a família, os amigos, dentre os quais o Espírito Bittencourt Sampaio, que é uma entidade veneranda, a minha maior alegria foi quando um coro chamando pelo meu nome insistentemente, fez-me perguntar ao Espírito Celina: — O que significa isto, filha? — E ela me respondeu: — Vem ver. Levou-me a uma sacada, que tinha adiante um pátio onde havia mais de um milhar de espíritos, todos ali numa atitude de unção e de ternura. — Quem são? – perguntei. Ela respondeu: — São aqueles a quem o senhor doutrinou sem nunca perguntar o nome, foram aqueles cujos familiares receberam os benefícios da sua bondade e o senhor nunca se deu conta. Quando souberam da sua chegada, vieram todos aqui prestar-lhe esta homenagem. — Então, o Espírito Bezerra de Menezes completou: — Naquele instante lamentei o quão pouco fiz, pelo muito que estava recebendo.*

Exemplo digno de nota é também o de Francisco Cândido Xavier que, no dia em que completou sessenta anos de mediunidade, foi à reunião mediúnica para atender as Entidades sofredoras e perturbadoras da Erraticidade inferior. Comemorou os sessenta anos de exercício da faculdade trabalhando na caridade anônima.

Quando Emmanuel pediu ao Espírito São Luiz Gonzaga, que é o protetor da juventude, para que ele emprestasse o seu nome para o Centro Espírita onde desejava servir, a entidade luminar lhe teria dito:

– *Concordo; darei a minha colaboração desde que a Instituição dedique setenta por cento das suas atividades aos doentes e sofredores.*

Embora a tarefa do nosso Chico fosse o livro espírita, durante mais de cinquenta e cinco anos ele atendeu ao receituário, trabalhou na aplicação dos passes e na desobsessão...

Quando o Espírito Joanna de Ângelis pediu ao Espírito Francisco de Assis para dar o protetorado dele para nossa Casa, ele disse: – *Daremos o nosso apoio desde que a obra se dedique à iluminação de consciências e ao socorro à pobreza.*

Daí o nosso Centro ter começado pela Caravana Auta de Souza, dando comida aos pobres. Depois vieram os lares, a evangelização, os livros e a iluminação de consciências.

Quanto é bom, quando se pode entregar ao trabalho de consolação e socorro a estes Espíritos necessitados! Quanto bem-estar isso nos propicia!

60. *A que se deve a carência de comunicações de Espíritos benévolos nas reuniões mediúnicas?*

Essa é outra particularidade que desejamos explicar. São três os fatores a considerar: inibição, constrangimento dos médiuns e falta de confiança entre os componentes do grupo. Fica-se sempre pensando que alguém vai duvidar e achar que não é uma comunicação autêntica. Esta atitude é um erro crasso. Por isso, Allan Kardec recomenda práticas mediúnicas com pessoas afins, para que não haja suspeitas. *(Observe-se a sabedoria do Codificador.)*

Se frequentamos uma prática mediúnica, pensando que alguém duvida da nossa honestidade, isso já funciona com um caráter inibidor.

61. Alguns médiuns sentem com muita intensidade as dores "físicas" e morais dos Espíritos que se manifestam por seu intermédio. A que atribuir esse fato?

A melhor maneira de educar a mediunidade de alguém é através da presença de Entidades que lhe transmitem sensações desagradáveis para que o médium iniciante supere os conflitos de ordem pessoal. Os mentores espirituais trazem os Espíritos doentes para a proximidade do médium que, ao se concentrar, registra no seu psiquismo as sensações deprimentes que provocam dores físicas. Esse fato é perfeitamente compreensível, porque a morte destrói o corpo, mas não a estrutura energética do ser pensante.

Quando essa estrutura sintoniza com o perispírito do sensitivo, transmite-lhe as sensações que o Espírito registra, e o médium passa a ter a mesma sintomatologia da morte daquele que está dando a comunicação: crise de tosse, se teve uma tuberculose pulmonar; angústia, proveniente de uma úlcera gástrica ou duodenal; as dores do infarto do miocárdio ou de um câncer, podendo-se identificar o gênero de morte pela sensação que o médium experimenta e exterioriza.

Com frequência as pessoas interrogam: – Qual a finalidade da vinda desses sofredores? – Simplesmente, porque eles, com a sua energia deprimente, produzem impacto no médium, que não estava sentindo nada e passa a registrar sensações desagradáveis, que somente desaparecem depois do término da prática mediúnica. Então, o monólogo acontece espontaneamente:

– *Curioso, eu entro bem e fico doente, saio e fico ótimo. Isto não é uma coisa que estava em mim. É algo que chega até mim durante algum período.*

Diante de tal raciocínio os conflitos íntimos acerca da autenticidade do fenômeno começam a bater em retirada e o médium torna-se um instrumento seguro.

62. *Por que existem médiuns que sentem tanto mal-estar nos dias que se antecedem à prática mediúnica e outros nada sentem?*

Prova para o médium. Allan Kardec fala dos médiuns naturais e dos médiuns de provas. Os de provas são aqueles que captam as comunicações antes e sofrem com elas. É uma forma de autodepuração. Isso vai creditado para diminuir-lhe o débito de certas doenças e problemas morais que viriam. Enquanto o Espírito fica acoplado ao médium, ele está com sua carga de sofrimento diminuída e o sensitivo com a sua aumentada. A dor fica dividida; o médium sofre e resgata; o Espírito sofre menos, recebendo os benefícios da caridade anônima, complementada através do momento de esclarecimento e do choque anímico.

DOUTRINAÇÃO

63. O médium sofre algum dano físico, emocional ou espiritual quando a doutrinação não é adequada?

Sim. Nesses casos surge uma perturbação no seu sistema nervoso.

Vamos exemplificar: um Espírito está dando uma comunicação; trata-se de uma ligação – digamos – eletrônica, no sentido mais transcendental. Como a aparelhagem do sensitivo é muito delicada, se a doutrinação não vai bem canalizada e o Espírito se irrita, ele consegue perturbar a harmonia nervosa do intermediário. Esta é uma das razões por que os mentores espirituais, para manterem o equilíbrio da economia psíquica do médium, recomendam a aplicação de passes coletivos ao terminar a reunião, pois que, tenha havido dano, ou não, todos os presentes serão beneficiados.

No caso do médium adestrado, não existe o problema porque, ao final da reunião, incorpora-se o seu mentor proporcionando o reajustamento das peças íntimas do tutelado. Mas, quando este não está adestrado e somente incorpora as entidades sofredoras, ficam danos.

Outra ocorrência que deve ser desestimulada é a questão dos doutrinadores tocarem no médium, no transcorrer da comunicação. Isto não só é inconveniente do ponto de vista estético como ético. Em sendo o sensitivo uma espécie de feixe nervoso excitado, o ato de pegá-lo promove nele uma irritação extremamente desagradável, terminando por danificar as suas aparelhagens mediúnica e nervosa.

Em casos específicos, tocar no médium pode causar-lhe uma terrível dor de cabeça. Nunca se deve segurá-lo, pois não é a força física e sim a força vibratória do doutrinador que atua efetivamente para controlar os impulsos do Espírito, refletidos no comportamento individual. Sempre o silêncio, a meditação, a quietude, a emissão mental conseguem mais êxito do que a luta física. Devem-se tomar os cuidados necessários para se evitar a todo custo o pugilato, caracterizado pelo arrojar-se do médium ao chão e sobre este os doutrinadores. Tudo isso está fora da ética recomendada pelos mentores espirituais. São lutas nervosas e não propriamente comportamentos mediúnicos.

No livro *O Céu e o Inferno* encontram-se comunicações de Espíritos, que Allan Kardec anotou, os piores possíveis, em clima de calma. A grande maioria dessas comunicações foi feita por psicografia. Eram Entidades desencarnadas através de processos violentos como o assassínio e o suicídio, trazendo vibração de baixo teor, que nem sempre conseguiam escrever o que queriam, findando-se o fenômeno com os seguintes termos: – *Não posso mais. Não consigo escrever. Não consigo...*

No entanto, os médiuns não demonstravam gestos estertorados, tampouco se atiravam ao chão esperneando. Tal não acontecia porque eram disciplinados mentalmente e, por conseguinte, educados mediunicamente.

Desta forma, quando presenciamos certos espetáculos, com raras exceções, concluímos tratar-se, em grande parcela, de conivência do médium.

Certa vez, Chico Xavier recebeu uma comunicação de determinada Entidade na minha presença, e o Espírito, muito meu conhecido pela sua perversidade, tomou de um lápis e colocou na boca do médium mineiro e começou a fumar, saindo fumaça como se fosse um cigarro. Começou a conversar comigo, agressivamente. Era, no entanto, uma agressividade sem gritaria. Modificou radicalmente a personalidade do médium, que passou a revelar-se uma pessoa agressiva e má, conversando com uma terrível carga de ódio, porém o sensitivo não apresentava nenhum estertor durante a comunicação.

Para efeito de esclarecimento, esses estertores, quando existem, são provenientes do aparelho nervoso do médium deseducado.

64. Qual o requisito para ser um bom doutrinador e como se conduzir no exercício dessa função?

Para alguém ser um bom doutrinador não basta ter boa vontade. Recordo-me que, quando estava muito em voga o termo boa vontade, um Espírito escreveu pela psicografia o seguinte:

– *A boa vontade não basta. Já afirmava Goethe que "não pode haver nada pior de que um indivíduo com grande dose de boa vontade, mas sem discernimento de ação."*

Acontece que a pessoa de boa vontade não sabendo desempenhar a função a contento, termina fazendo uma confusão terrível. Não é suficiente ter apenas boa vontade, mas saber desempenhar a função. É melhor uma pessoa com má vontade que saiba fazer corretamente a tarefa do que outra de boa vontade que não sabe agir. Aliando-se as duas qualidades, o resultado será mais positivo.

O médium doutrinador, que é também um indivíduo susceptível à influência dos Espíritos, pode desajustar-se no momento da doutrinação, passando a sintonizar com a Entidade comunicante e não com o seu mentor e, ao perturbar-se, perde a boa direção mental, ficando a dizer palavras a esmo.

Observa-se, às vezes, mesmo em reuniões sérias, que muitos companheiros excelentes, em vez de serem objetivos, fazem verdadeiros discursos no atendimento aos Espíritos sofredores, referindo-se a detalhes que não têm nada com o problema do comunicante.

Não é necessário ser um técnico, um especialista, para desempenhar a função de doutrinador. Porém, é preciso não abdicar do bom senso.

Deste modo, quando o Espírito incorporar, cabe ao doutrinador acercar-se do médium e escutá-lo para avaliar o de que ele necessita. Não é recomendável falar-se antes do comunicante, procurando adivinhar aquilo que o aflige. A técnica ideal, portanto, é ouvir-se o que o Espírito tem a dizer, para depois orientá-lo, de acordo com o que ele diga, sempre num posicionamento de conselheiro e nunca de um discutidor. Procurar ser conciso, porque alguém em perturbação não entende muito do assunto que seu interlocutor está falando.

Torna-se imprescindível que o doutrinador ausculte a problemática da Entidade. Por exemplo: o médium está em estertor e não consegue dizer nada. O doutrinador aproxima-se e pergunta com delicadeza:

– *Qual é o seu problema ou dificuldade? Estamos aqui para lhe ser úteis. Você já percebeu por que foi trazido a este local? Qual a razão de encontrar-se tão inquieto?*

A Entidade retruca: – *Eu estou com raiva.*

E o doutrinador: – *Você já imaginou quanto a raiva é prejudicial para a pessoa que a está sentindo?*

– *Pois eu odeio.*

— Mas, tudo nos ensina a amar. *Procure superar esse sentimento destruidor.*

O comunicante deve ser encaminhado ao autodescobrimento. Não adianta falar-lhe sobre pontos doutrinários, porque ele não se interessa. Vamos ilustrar: Chega uma pessoa com dor de cabeça e aconselha-se:

— *Tome um analgésico, descanse, depois vamos conversar.*

Isso significa dar o remédio específico para o problema do paciente.

No atendimento mediúnico, o doutrinador deve ser breve, porque nas discussões infindáveis e nas doutrinações que não acabam nunca o medianeiro se desgasta excessivamente, e o que se deve fazer é preservá-lo ao máximo.

65. *Durante a doutrinação, devem-se fornecer muitas informações doutrinárias à Entidade sofredora que se manifesta?*

Não. Essa é uma particularidade que devemos ter em mente.

Coloquemo-nos na posição do comunicante. Quando alguém está com uma forte enxaqueca, por exemplo, não adianta nenhum médico se deter em explicações sobre a origem da doença. A enxaqueca está causando tanto mal-estar que o indivíduo não assimila nada do que é dito. Ele deseja apenas um medicamento para curar o mal.

Quanto menos informações forem dadas, melhor. Os espíritas, com exceções, é claro, têm um hábito que não se coaduna com esta atividade: o de usarem vocabulário específico da Doutrina, esquecendo-se que nem todo Espírito que se comunica é um adepto do Espiritismo, capaz de conhecer os seus postulados.

Comunica-se um Espírito e diz-se-lhe:

– *Você está desencarnado.*

Ele não tem a menor ideia do que a pessoa está falando. Ou, então:

– *Você precisa afastar-se do médium, desligar-se.*

Tampouco ele entende desta vez. Devemos nos lembrar, sempre, de que esse é um vocabulário específico da Doutrina Espírita que somente pode ser entendido por espíritas praticantes. É o mesmo que um engenheiro eletrônico chegar-se para outra pessoa e começar a explicar Eletrônica na linguagem científica. O ouvinte, não entendendo do assunto, demonstra total desinteresse pelo que está sendo transmitido e, terminada a explanação, continua no mesmo estado mental.

A função das comunicações dos Espíritos sofredores tem por finalidade primordial o seu contato com o fluido animalizado do médium, para que ocorra o chamado choque anímico. Allan Kardec usou a expressão fluido animalizado ou animal, porque, quando o Espírito se acopla ao sensitivo para o fenômeno da psicofonia ou psicografia, recebe uma alta carga de energia animalizada que lhe produz um choque.

Como se pode depreender, às vezes, quando advém a desencarnação, o psiquismo do Espírito leva com ele todas as impressões físicas, não se dando a menor conta do que ocorreu. Ele continua no local do desenlace, estranhando tudo em sua volta, sem a mínima ideia da cirurgia da morte que aconteceu há muito tempo.

Quando se dá a incorporação, o Espírito recebe um choque vibratório que o aturde. Se nessa hora forem dadas muitas informações, esse estado se complica ainda mais e a Entidade não assimila, como seria de desejar, o socorro de emergência a ser ministrado.

O doutrinador deve ser breve, simples e, sobretudo, gentil, para que o desencarnado receba mais pelas suas vibrações do que pelas palavras.

Imaginemos alguém que teve uma parada cardíaca e subitamente desperta num hospital de pronto socorro com uma sensação de desmaio. A situação é comparável ao despertar pela manhã depois de uma noite de sono. Qual a nossa reação psicológica se alguém, aproximando-se da nossa cama, nessa hora nos diz:

– *Você já morreu.*

Damos uma risada e respondemos:

– *Qual nada! Estou aqui, no quarto, acordado.*

E continuamos, no entanto, a manter as impressões do sono. No caso de um Espírito desencarnado que se comunica, nesse momento é a vibração do interlocutor que vai torná-lo mais seguro, embora as palavras ditas suscitem nele alguns conflitos. Somente são necessários alguns esclarecimentos preparatórios para que os mentores façam-no recordar-se da desencarnação em outra ocasião.

Em casos especiais é viável, quando o Espírito permite, dizer-se que a sua desencarnação foi consumada, pois toda regra é adaptável às circunstâncias. Chega, por exemplo, um Espírito dizendo:

– *Estou sofrendo há muito tempo, não consigo livrar-me desta dor desconfortável.*

Redargui o doutrinador:

— *Você já notou o que lhe aconteceu? Há muito tempo você está sentindo esta dor?*

E o diálogo prossegue:

— *Ah! Eu não me lembro. Não tenho a menor ideia.*

— *Meu amigo, isso é preocupante. Veja bem, examine-se, observe onde você se encontra. Você sabe que lugar é este?*

— *Não sei.*

— *Você se encontra entre amigos. Note a forma como está falando. Você já percebeu que se está expressando através de outra pessoa?*

O Espírito vai ficar surpreso porque está convencido de que está falando com os seus próprios recursos. Terminada a pausa, o diálogo continua:

— *Você já notou que até agora esteve falando e ninguém lhe respondia, enquanto neste momento estou lhe respondendo? Sabe o porquê? Note que até agora tem pedido ajuda e ninguém lhe apareceu, qual a razão disto?*

Enfim, o doutrinador deve fazê-lo perceber, gentilmente, que algo lhe aconteceu e ele não se deu conta:

— *Você já não está mais na Terra. Deu-se a ocorrência da sua morte.*

E o Espírito, impactado, dirá:

— *Ah! Mas eu não morri!*

E o doutrinador concluirá:

— *Morreu, só que morte não é o que você pensa. Você se libertou do corpo, mas continua a viver.*

Pode-se também usar de outro artifício:

— *Qual é a sua religião? Você crê que a morte destrói a vida? O que você espera? Você está doente, já imaginou que vai morrer um dia?*

É exatamente assim que os mentores espirituais fazem no Além-túmulo. Quando chegam os recém-desencarnados, perguntando:

– *Onde estou?* – os Numes tutelares não dizem nada de revelador. Porém, falam, logo mais:

– *Mantenha-se tranquilo e aguarde, pois daqui a pouco o médico vai chegar* – até o momento em que um Espírito familiar aproxima-se da entidade recém-chegada, que afirma:

– *Fulano, mas você está morto!*
– *E você também. Somente que a morte não existe.*

Isso provoca no Espírito sofredor um tal bem-estar, que se encontrar junto a um amigo ou familiar sobrevivente à morte, imediatamente o tranquiliza.

Não há, pois, justificativa para a preocupação de dar-se muitos informes. É como dizer-se para uma criança o que ela não tem condição de assimilar. Não adianta falar muito. Tem-se que ser prático e objetivo; cuidar-se de falar num tom de voz que seja natural e coloquial, principalmente quando há mais de uma comunicação. Não se devem pronunciar discursos, pois estes não têm qualquer valor para os Espíritos sofredores.

Ao doutrinar-se uma Entidade, use-se sempre um tom fraternal, porque o assunto em questão somente interessa ao doutrinador, ao comunicante e aos demais que estão próximos para efeito de instrução pessoal.

Às vezes, o doutrinador fala em demasia, e não deixa o Espírito expor o seu problema. Observa-se com frequência um hábito que deve ser eliminado: o médium apresenta os primeiros estertores – e isso depende da organização nervosa ou da constituição psicológica do sensitivo – e logo o

doutrinador, aproximando-se, e sem ouvir o problema da entidade, propõe: – Tenha calma, tenha calma...
O Espírito nem sequer disse uma palavra, e já foi tolhido de falar.
Necessário deixar-se que a comunicação se dê, para o doutrinador sentir o problema do comunicante, a fim de encontrar a forma mais sensata de atendê-lo.
Se o Espírito está gemendo, ouve-se dizer:
– *Venha com Deus ou venha na paz de Deus.*
Existe outra fórmula muito corriqueira, que se costuma usar:
– *Ore, pense em Deus.*
São chavões que não levam a lugar nenhum. O doutrinador tem primeiro que ouvir as alegações da Entidade, para depois iniciar a argumentação específica, como se faz no relacionamento humano. Se alguém está chorando, não se diz:
– *Calma, calma, não chore, não chore...* – Deixa-se a pessoa chorar um pouco, e depois se pergunta:
– *Qual é o problema? Por que está chorando tanto?*
Damos outro exemplo:
Aproxima-se de nós uma pessoa muito nervosa, e se quisermos atendê-la, dizemos:
– *Pois não...* – E mantemo-nos em silêncio até a outra extravasar os sentimentos. Depois é que a interrogamos. Interrogar na hora do desespero cria confusão e a irritação acontece, prejudicando o êxito do atendimento.
Portanto, poucas informações são um sinal de bom senso.
Quando estamos com um problema, e se aproximam aquelas pessoas conselheirescas, que falam muito, deixamo-las à parte e ficamos pensando no assunto que

nos aflige. Assim acontece quando estamos lidando com os desencarnados.

Em decorrência disso, o doutrinador deve fazer tudo para criar um diálogo, abstendo-se de qualquer discussão.

Na hipótese de a Entidade recalcitrar na teimosia, deve-se-lhe dizer: -- *você veio aqui em busca de ajuda, deixe--me ajudá-lo.*

Tratando-se de Espíritos perturbadores que, por princípio, se deduz que sabem o estado em que se encontram, agindo, portanto, com intenção maléfica, o doutrinador usa outra técnica. Aliás, é bom alertar: a tática do obsessor é discutir para ganhar tempo e perturbar o ambiente. Enquanto está discutindo, irradia vibração desagradável que a todos irrita e provoca mal-estar; enfraquece-se o círculo vibratório e ele se torna senhor das mentes que emitem animosidade na sua direção.

Ao apresentar-se um Espírito obsessor, dizendo mais ou menos assim: – *Eu vou matar, destruir, etc...* – a resposta é a seguinte:

– *Só que você se equivocou na base. A sua vinda aqui não foi espontânea. Você veio trazido...*

E o diálogo prossegue:

– *Não. Eu vim porque quis.*

– *Você sabe que não é assim. A evidência vai-lhe comprovar. Experimente retirar-se para ver se vai conseguir o intento.*

– *Eu vou no momento em que quiser.*

– *Mas esse momento só acontecerá quando os mentores espirituais o permitirem.*

O doutrinador deve falar com a Entidade, não com o objetivo de fazê-la abandonar os seus propósitos, mas porque ele sabe que, enquanto o Espírito estiver acoplado no médium, está perdendo força psíquica negativa. Cada vez que um obsessor incorpora em um médium perde alta porcentagem de energia, que antes descarregava na sua vítima.

Na tentativa de sensibilizá-lo, porque a vítima de hoje é sempre o grande algoz de ontem, pode-se-lhe dizer:

— *Muito bem; você tem ódio de alguém, e por que está maltratando o médium que não tem nada com o seu problema? Você veio aqui, porque sente ódio de nós, e daí? Vá então contra o nosso Chefe que nos colocou neste trabalho. Se você está a serviço de um ideal pessoal, nós estamos a serviço de uma causa comum que é a do Cristo. Então, se volte contra Ele. Você está imerso no mar da Misericórdia Divina...*

Isto para demonstrar-lhe que não nos assusta, tampouco nos intimida com as suas ameaças.

Porém, não devemos esquecer que, logo mais, ele será uma companhia constante, a fim de verificar se agimos conforme doutrinamos.

Nota-se que o número de obsidiados que se curam hoje é bem menor do que nos primórdios. A razão disso é porque o Espiritismo em muitos corações tem tido o efeito de uma reunião social, de um clube em que a pessoa vai participar com certa unção, mas, saindo dali acabou-se, não mais se interessa, tem a vida profana normal, é o homem social, comum, e por isso, os Espíritos que nos observam não acreditam em nossas palavras. Os vingativos não abandonam as vítimas que não demonstrem propósitos de melhorar-se intimamente, nem também levam em consideração as palavras destituídas do respaldo dos bons atos.

Desta forma, quando convivermos com os obsessores, a melhor técnica é não discutir com eles, porque são faladores e têm o objetivo de confundir; principalmente os inimigos do ideal superior, as Entidades "religiosas", frias, cínicas, sofistas.

A atitude do doutrinador deve ser sempre pacífica e gentil. Caso percebamos a intenção do Espírito em demorar-se além do necessário, digamos-lhe:

— *Agora, você pode ir-se. Já lhe atendemos conforme podíamos. Vamos aplicar-lhe uma medicação* — e utiliza-se da indução hipnótica.

Às vezes o Espírito reage, mas a medicação faz efeito, porque, quando tomamos esta postura, os mentores espirituais aplicam-lhe sedativo indispensável para o tratamento específico — hipnose ou certos produtos de origem espiritual que o anestesiam — e retiram-no.

Essa é a técnica ideal.

66. Existem fronteiras delimitadoras entre animismo e fenômeno mediúnico que possam ser identificadas pelo terapeuta encarnado?

Existem algumas características: no fenômeno anímico é a alma do encarnado que fala. São seus hábitos, seus registros, seus condicionamentos...

A palavra animismo foi cunhada pelo sábio russo Alexander Aksakof, para definir os fenômenos do nosso inconsciente. No fenômeno mediúnico, aquilo que está em nosso arquivo é eliminado, bem se vê, e quando o fenômeno se dá, o doutrinador é capaz de identificá-lo através do caráter do médium, que é por ele conhecido.

Todos nós temos vícios de linguagem, como também bengalas psicológicas. No estado de transe, se essas bengalas psicológicas aparecem, o fenômeno é mediúnico, porém com o arquipélago de condicionamentos do médium, pois que determinados hábitos corriqueiros no estado de transe podem comparecer.

Se, por exemplo, as comunicações têm sempre a mesma linha de raciocínio, estamos diante de um fenômeno anímico.

O Espírito comunicante possui uma característica própria, assim como cada um de nós. Se várias pessoas forem ao telefone para dar a mesma mensagem, saberemos que se trata de pessoas diferentes pela maneira de dizer, pela entonação de voz, pela maneira de compor as frases, pelo ritmo e também pelos hábitos. Por exemplo: há pessoas que falam entrecortadamente. Se na comunicação a mensagem vem entrecortada, é um fenômeno anímico, o registro da personalidade é maior do que o da Entidade comunicando-se. Determinados gestos que são muito típicos de nós, por um condicionamento, no fenômeno mediúnico repetimos.

Então, qualquer doutrinador atento pode saber quando o fenômeno é eminentemente mediúnico, digamos a 70%, e quando ele é um fenômeno anímico, ou seja: com 70% de animismo e apenas 30% de mediunismo.

Por isso as reuniões mediúnicas devem ser feitas com pessoas que se conheçam entre si, que tenham um bom relacionamento, pessoas moralizadas, que não venham fazer espetáculos, que tenham conhecimento doutrinário, porque são equipamentos para nos policiarmos contra os fenômenos automatistas da nossa personalidade.

67. Qual a conduta correta do doutrinador no fenômeno anímico?

A postura correta do doutrinador é a de esclarecer, tanto o Espírito encarnado como o desencarnado. Mas, cumpre-lhe deixar o médium perceber que a doutrinação está sendo direcionada ao seu inconsciente, a fim de que se mantenha mais vigilante, passando a bloquear a irrupção do fenômeno automatista.

Não há graduação de períodos para o fenômeno anímico. Pessoas há que têm muitos registros, e eles criam personificações parasitárias em variado número, que se encarregam de assomar à memória atual, dando a impressão de se tratar de entidades desencarnadas. Outras tantas, quando se concentram, assumem esses conflitos e arquivos do inconsciente, que devem ser orientados pelo psicoterapeuta espiritual, a fim de os diluir nos depósitos da mente.

Como a tarefa do orientador é auxiliar sempre aos espíritos, no caso do animismo, é válido socorrer o encarnado, que também é Espírito, de forma a auxiliá-lo na catarse das impressões perturbadoras que, anuladas, facultarão a ocorrência do fenômeno mediúnico claro e correto.

68. Qual é a abordagem correta do doutrinador, quando identifica a presença de um Espírito mistificador?

Detectada a farsa da Entidade perturbadora, o dever do orientador é desmascará-la. Deve dizer que está em uma atividade muito séria, e que ele, vindo burlar, perturba o trabalho, que tem finalidade superior.

Abrimos um parêntese para dizer que os benfeitores Espirituais permitem que venham Espíritos mistificadores para tornar o médium humilde, não alimentando a presunção de que é perfeito, invulnerável a quaisquer situações dolorosas. Depois, para treinar os doutrinadores a separarem o *joio do trigo* e, por fim, porque, quando o Espírito burlão, mistificador, se comunica, também é credor de misericórdia, de caridade, pois está em sofrimento. Essa máscara aparente com que se apresenta é o mecanismo de autonegação da sua realidade e merece ser necessariamente esclarecido, com bondade e compaixão, para que se dê conta de que a farsa não encontrou receptividade e, despertado, a partir daí, os instrutores espirituais prossigam no atendimento, demonstrando-lhe os sofrimentos pelos quais vai passar, derivados da larga mentira que haja proposto a si mesmo e aos outros.

Todavia, a tarefa do doutrinador é a de esclarecer, identificando a mistificação, sem que o médium se sinta melindrado com isso. O fenômeno da mistificação nenhuma relação tem com a mediunidade, aliás, a sua existência é própria da qualidade mediúnica. Allan Kardec fala, textualmente, que o médium excelente não é aquele que tem a capacidade de dar comunicações superiores, e sim aquele que tem facilidade de se comunicar com diferentes entidades. Quando se trata de uma única, estamos diante de uma fascinação. A mediunidade é polimorfa, sendo um telefone por onde falam todos aqueles que se lhe acerquem, cabendo ao medianeiro a postura dignificante para não sintonizar com os Espíritos perversos, senão com objetivo caritativo.

69. Como deve proceder o doutrinador diante de uma comunicação que se prolonga por tempo demasiado? A quem cabe pôr termo a essa comunicação, ao doutrinador ou ao médium?

O médium, como passivo que é, não tem vontade; deve liberar o fenômeno.

Ao doutrinador cabe discipliná-lo, pois ele é o terapeuta. Não tem, ali, a tarefa de libertar o Espírito de todos os seus traumas. A função primordial da comunicação mediúnica de um ser desencarnado sofredor é aliviá-lo através do choque anímico ou fluídico: o Espírito absorve a energia animalizada do médium para dar-se conta da ocorrência da sua desencarnação. O doutrinador desperta-o, um pouco, para os benfeitores espirituais continuarem o trabalho depois de realizada essa primeira etapa.

Toda vez que o diálogo se prolonga, se for o caso de um Espírito perturbador, é prejudicial ao médium, que assimila um excesso de energias deletérias.

Ao doutrinador cabe, depois de cinco a dez minutos, no máximo, dizer:

– Muito bem, agora permaneça no recinto para continuar ouvindo, pois que bons Espíritos vão assisti-lo, e quanto ao médium, colabore encerrando a comunicação.

É tarefa, portanto, do orientador. Neste ensejo, sua responsabilidade é muito delicada, porque terá de possuir tato psicológico para poder orientar o paciente.

Exercício mediúnico

70. O médium de transe consciente pode fazer uma avaliação do seu desenvolvimento mediúnico? De que forma?

Através da facilidade com que as comunicações se dão.

A questão da consciência na mediunidade sempre foi um grande *tabu*, pelos conflitos que engendra na personalidade do médium.

Por exemplo: estamos todos na reunião mediúnica, em estado de calma, de *relax*. De repente, em nosso campo mental irrompe uma volúpia de bem-estar ou de ira. Trata-se da aproximação de um Espírito. Não existe razão para o médium começar a fazer disso um motivo de conflitos:

"Será que sou eu? Será que está no meu inconsciente?"

No início do desenvolvimento da faculdade, é possível que sejam conflitos arquivados no inconsciente, mas somente chegaremos ao estado mediúnico passando pelo de natureza anímica.

O médium consciente, portanto, pode avaliar o fenômeno pela facilidade com que se vão dando as comunicações. O estado de lucidez, a claridade mental, não importam.

O que se deve observar é a forma lúcida, rápida e escorreita com que o fenômeno da psicofonia ocorre.

Como na arte de falar, a pessoa fala escolhendo as palavras, formando as frases, errando as conjugações verbais, a harmonia do conjunto. Depois, vai aprimorando-se, e em breve fala corretamente sem raciocinar.

No fenômeno mediúnico dá-se a mesma ocorrência. O médium pode, dessa forma, avaliar o seu progresso, o seu estágio de desenvolvimento ou o seu atraso pela facilidade, pela normalidade ou pela dificuldade com que as manifestações se dão.

No entanto, ninguém suponha que qualquer comunicação seja sempre cem por cento do Espírito comunicante. Mesmo nos fenômenos de efeitos físicos, que independem do contributo intelectual do médium, o ectoplasma, a radiação, é do medianeiro. O Espírito pode materializar-se e trazer as feições do sensitivo, porque o perispírito do encarnado nem sempre deixa de influenciar...

Para ter-se uma boa ideia a respeito, tente-se assinar um cheque segurando a mão de uma pessoa que não sabe escrever, e veja-se como sairá a letra: nunca se consegue uma igual à que está no arquivo. Ou, então, com a mão envolvida por uma luva muito grossa, de boxeador, por exemplo, tente-se escrever para verificar a dificuldade que se encontra. Todavia, com o treinamento, através da técnica da repetição, é possível conseguir-se traços de razoável aceitação.

Pelo exposto, o médium não se deve preocupar. Deixando que o fenômeno flua com naturalidade, em breve já não será participante, porque o desfecho vai se tornando tão veloz que o sensitivo não pensa para dizer. Em vez disso, ouve o que está dizendo, deixa de ser agente para ser espectador, até o momento em que a consciência se apaga.

Considerem-se três pessoas de nível cultural diferente, para darem uma mesma mensagem: cada uma delas transmitirá de acordo com o seu grau de entendimento. Uma dirá o que não entendeu direito (não tem hábito de dar recado); a outra traduzirá: – Ele disse mais ou menos assim, – repetindo a mensagem conforme compreendeu; mas a terceira, mais treinada, passará facilmente o conteúdo conforme o recebeu. Então, temos nesses três casos, o médium de transe consciente, semiconsciente e inconsciente.

71. Quando um médium interrompe o exercício mediúnico por muito tempo, como deve proceder para retornar às suas atividades de intercâmbio espiritual?

Pelo começo. Quando nos encontramos em qualquer atividade que interrompemos e desejamos retornar, deveremos submeter-nos a uma nova disciplina, a um novo exercício, porque durante esse período ficamos com as nossas possibilidades e reflexos muito prejudicados. Na mediunidade, porque faltou o exercício, deveremos voltar a fazer parte de um grupo, para sintonizar com todos os membros, após o que voltaremos às atividades mediúnicas na condição de principiantes, até retemperarmos o ânimo e termos condições de sintonia.

72. O que o médium psicofônico consciente deve fazer para distinguir o pensamento que é do mentor do que é do seu subconsciente?

No fenômeno psicofônico há uma preponderância da personalidade que se comunica. É muito difícil, no começo, saber se está falando de si mesmo ou sob indução. Mas, a ideia é tão dominante que termina por perceber que não é sua. As palavras, sim, serão suas, e vestirão a ideia com vocabulário próprio, mas dar-se-á conta de que aquela ideia não lhe é habitual. Ademais, quando está numa reunião mediúnica e chegam-lhe ideias que não são convencionais, é porque vêm de um agente externo. Cabe-lhe abrir-se e acompanhá-las sem interferir.

Por esta razão, a educação mental, através da concentração, nos propicia observar sem pensar. No fenômeno mediúnico o sensitivo é o observador, não é o agente.

73. Até quando uma mulher em gestação pode permanecer atuando em reuniões mediúnicas? É prejudicial ao feto o labor psicofônico exercido pela mãe?

Os processos da reencarnação, assim como os da psicofonia, são muito distintos. O primeiro permite ao Espírito vincular-se profundamente ao corpo em formação, nutrindo-se, de algum modo, das energias maternais, que contribuem eficazmente para a organização celular do futuro ser. O segundo ocorre através da imantação, perispírito a perispírito, entre o desencarnado e o médium, sem que isso afete o processo reencarnatório em andamento.

Não obstante, quando se tratar de uma gravidez com problemas, é justo que se interrompam quaisquer atividades que lhe agravem o desenvolvimento.

No transcurso de gestações normais, o inconveniente será sempre de natureza fisiológica, a partir do sétimo mês, mais ou menos, quando a postura se torna desagradável e a exigência de um largo período para a mulher permanecer sentada pode tornar-se cansativo.

Os benfeitores espirituais com os quais mantenho contato informam que as médiuns em gestação podem exercer a faculdade normalmente, sem qualquer dano para a gravidez, evitando, porém, quanto possível, as comunicações violentas, que a mediunidade disciplinada pela Doutrina Espírita sempre sabe conduzir com equilíbrio.

Assistência

74. A função do médium e a do doutrinador, nas práticas mediúnicas, são facilmente identificadas. De que forma os outros integrantes de uma reunião mediúnica devem participar? Eles se tornarão um dia médiuns ou doutrinadores?

O capítulo XXIV de *O Evangelho Segundo o Espiritismo* dá-nos a resposta. No estudo ali realizado, Allan Kardec refere-se à mediunidade como certa predisposição orgânica inerente a todas as pessoas, como a faculdade de ver, de falar, de ouvir...

Numa prática mediúnica temos três elementos básicos no plano físico: o doutrinador, o médium (de psicografia, psicofonia ou de outra faculdade qualquer, como a clarividência, clariaudiência) e o assistente, que não é plateia.

A prática mediúnica sempre faz recordar uma sala cirúrgica, onde existem as equipes de cirurgiões, paramédica e de auxiliares. Todos eles em função do paciente, que é o Espírito sofredor.

O trabalho mediúnico pode ter o caráter simultâneo de educação do médium e de desobsessão. De educação, porque somos sempre principiantes; e de desobsessão, porque os benfeitores espirituais trazem Espíritos perversos, imbuídos de sentimentos maus, perseguidores contumazes para serem doutrinados.

Todos já conhecemos as funções do doutrinador e do médium. Todavia, nem sempre isso acontece quando se trata do assistente, que não sabe como conduzir-se.

Numa sala cirúrgica, o assistente é alguém sempre disposto a cooperar com o que seja necessário.

Como todo assistente é um médium em potencial, ele pode dar uma comunicação em qualquer momento, esteja à mesa ou fora dela. A tradição de que as comunicações devem apenas operar-se à mesa está superada. A mesa foi um artifício de que Allan Kardec se utilizou para dar mais comodidade, pois as pessoas apoiam os braços, têm uma postura mais confortável, mais repousante; contudo, em qualquer parte onde esteja situada a pessoa na sala mediúnica, pode estar em sintonia para os labores de intercâmbio espiritual.

Anteriormente havia uma tradição equivocada que atribuía à existência de uma primeira e de segunda correntes. São superstições. O importante é o conjunto; e o assistente comum deve ser alguém que participe através da mentalização, da meditação ou mesmo cooperando emocionalmente com o doutrinador, porque nem sempre este é feliz na identificação do móvel da comunicação, no momento de definir se se trata de um Espírito sofredor ou mistificador, na linhagem da perversidade.

Não raro, o doutrinador fica sindicando, num diálogo ainda não direcionado, para identificar o problema que traz o comunicante e assim conversar com segurança. Além disso, o doutrinador, às vezes, se equivoca, o que é natural e humano. Inicia a doutrinação de uma forma que não corresponde à necessidade do Espírito, e os mentores sentem dificuldade em induzi-lo para que haja uma boa recepção.

No entanto, um assistente pode identificar perfeitamente o problema. Cabe-lhe, neste caso, concentrar-se, ajudando o doutrinador, enviando mentalmente a mensagem acertada para que ele encontre a diretriz segura na orientação a ser ministrada.

É muito comum, em todos os grupos, por indisciplina mental dos assistentes, quando se trata de Entidade zombeteira ou perversa, fazer-se o jogo do desencarnado, não colaborando com o doutrinador, principalmente quando se trata de discussão que, aliás, deve sempre ser evitada.

Frequentemente o assistente fica torcendo para que o Espírito perturbado vença a querela e até sente certa euforia quando nota o embaraço do orientador. Não se dá conta de que, nesse estado mental, entra em sintonia com o espírito malfazejo, que exterioriza uma radiação capaz de ser absorvida por qualquer pessoa na mesma faixa mental.

Ou seja, o assistente tem um papel preponderante para o êxito do trabalho mediúnico. Se, às vezes, o processo das comunicações não está ocorrendo com sucesso, em grande parte a responsabilidade é da equipe auxiliar. São a eficiência e a qualidade do trabalho dessa equipe que sustentam o valor da obra.

Por outro lado, nos trabalhos mediúnicos, o assistente deve aproveitar o momento para meditar, acompanhando as comunicações, em vez de se deixar envolver pelo cochilo. Realmente, fica monótono o transcorrer de uma prática mediúnica, quando a pessoa não se integra nos detalhes do que ali acontece. Somente assim procedendo consegue o assistente libertar-se do desejo de dormir ou de ser acometido por mal-estar, o que sempre ocorre quando a pessoa não se concentra para acompanhar atentamente as comunicações que estão acontecendo.

Para dinamizar a sua participação, o assistente deve manter-se em atitude oracional para auxiliar o comunicante, penetrando no seu problema, porque isso é de muita relevância. Observa-se com frequência que alguns embaraços do terapeuta espiritual são decorrência não só do seu despreparo, como também da falta de cooperação mental do grupo, que, não estando sintonizado, deixa de oferecer os meios para uma ligação mental com os mentores e com a Entidade comunicante.

Por fim, todos os assistentes devem manter-se em atitude receptiva, porque a manifestação mediúnica pode irromper a qualquer momento, em qualquer um deles, não necessariamente com caráter obsessivo, mas também inspirativo positivo. Pode surgir uma ideia edificante, um pensamento feliz, e cabe à pessoa, no momento do silêncio, exteriorizar essa emoção, que pode ser o começo de uma manifestação no desdobramento de faculdades embrionárias.

Desta forma, o assistente deve colaborar positivamente com as suas emissões positivas no transcorrer das comunicações, pois ele é uma espécie de auxiliar de enfermagem na cirurgia mediúnica. Da sua mente devem sair recursos energéticos para o trabalho anestésico a benefício do paciente desencarnado. A sua participação deve ser ativa e vigilante em todas as atividades ocorridas durante os trabalhos ali desenvolvidos. Suplicando ajuda espiritual, acompanhando e observando os diálogos, ele se transforma numa peça imprescindível na cooperação para o bom êxito das tarefas de intercâmbio espiritual.

Isto posso constatar, muitas vezes, em estado de desdobramento, pois enquanto os Amigos espirituais escrevem, ou mesmo estando incorporado, acompanho os acontecimentos e anoto o que se passa no transcorrer dos labores. Quando a prática mediúnica termina e as pessoas fazem perguntas sobre esta ou aquela particularidade, lembro-me perfeitamente da ocorrência, dos vários detalhes, como sejam: os diálogos, as comunicações, as condições das Entidades sofredoras, os Espíritos amigos que estão presentes na reunião, etc. É a lucidez da mediunidade.

75. *Quando um dos componentes da prática mediúnica percebe que determinada doutrinação não está sendo bem conduzida, ele pode ou deve interferir? Qual o momento adequado? De que forma?*

O ideal será a pessoa ficar colaborando através das vibrações e da atitude oracional. Excepcionalmente, a depender do laço de confiança e da humildade do doutrinador, pode-se dizer: *"Fulano, você não acha que se aplicássemos tal recurso seria melhor?"*

Notando-se qualquer sinal de agastamento, por parte do doutrinador, deve-se imediatamente calar.

Com frequência ocorre o assistente sintonizar melhor do que aquele que está doutrinando. Isto porque, quando alguém se aproxima do médium que está dando a comunicação, se contamina com as vibrações do Espírito comunicante e aquela irradiação envolvente, quando negativa, leva o doutrinador a entrar num verdadeiro pugilato com o Espírito, em decorrência do envolvimento emocional.

Torna-se difícil para alguém inexperiente manter o tipo de serenidade capaz de impedir esta contaminação. Por isso não é recomendável que os doutrinadores sejam médiuns atuantes, para que não haja facilidade de assimilação da carga fluídica do comunicante. Ao assimilá-la, deixa-se envolver pelas provocações do Espírito.

3ª PARTE

O PROJETO RESPONDE

QUALIDADE

76. Recentemente, Joanna de Ângelis apresentou uma proposta de responsabilidades para o Centro Espírita baseada numa trilogia: Espiritizar, Qualificar e Humanizar. *Será possível resumir a proposta do Espírito Amigo?*

Esses conceitos foram apresentados, por primeira vez, pelo médium e tribuno baiano Divaldo Franco, inspirado pela benfeitora espiritual, em memorável palestra pública, sendo, mais tarde, colocados em letra de forma num opúsculo intitulado *Novos rumos para o Centro Espírita*, publicado pela LEAL Editora.

Preparando a apresentação da tese, Divaldo evoca, na palestra, o lema kardequiano: Trabalho, Solidariedade e Tolerância, lembrando-nos que o Codificador o houvera tomado de empréstimo a Pestalozzi, o grande educador, pai da Escola Nova, quando este afirmara que *"o êxito da educação é consequência de três elementos indissociáveis: o Trabalho, a Solidariedade e a Perseverança"*. O último conceito – perseverança – Pestalozzi o escolhe porque entendia que o esforço de educar impõe ao educador as disciplinas da paciência, da determinação de repetir a lição quanto fosse necessário para fixá-la. E Kardec, ao adaptá-lo para tolerância, pensava certamente numa direção equivalente, pois os convertidos ao Espiritismo viriam das várias correntes do Pensamento e da Religião, com seus limites, possibilidades e idiossincrasias, e iriam precisar de tolerância recíproca para se ajustarem à ideia nova que estariam interessados em construir e a ela vincular-se.

No entendimento de Divaldo, as duas propostas, a de Kardec e a de Pestalozzi, representam um convite à união. Afirma ele: *"A solidariedade é o passo que leva de imediato à união... Os espíritas devem unir-se, consoante a recomendação de Jesus, no sentido de formarem um feixe de varas invencível, pois jamais poderia ser quebrado, enquanto no conjunto formando uma unidade."*

Kardec há de ter pensado no Centro Espírita como uma célula viva e pulsante, lugar de *trabalho* (para todos), de *solidariedade* (entre todos) e de *tolerância* (para com todos) ou, quem sabe, nesse sentido moderno como tem sido concebido pelos idealistas que vieram depois dele: uma escola, uma oficina, um hospital (de almas) e um templo, simultaneamente, diferente das práticas de alguns distraídos ou equivocados que fazem do Centro Espírita um lugar onde se frequenta simplesmente para receber benefícios. Essa falsa concepção de certo modo tem sido estimulada quando se institucionalizam na Casa Espírita as práticas clientelistas, as promessas de curas, o descompromisso para com a participação responsável, além de outras práticas de massificação, dificultadoras do processo de conscientização e de adesão real de quantos se adentram por semelhantes portas, sofrendo a influenciação de tão inoportunos exemplos.

Então o *espiritizar*, o *qualificar* e o *humanizar* constituem um novo lema, filho dos anteriores, não para instituir novidades, mas para resgatar Kardec, a forma como ele idealizou o Centro Espírita, e Jesus, a forma como Ele idealizou a *Igreja Viva* a que Paulo de Tarso se referira, inspirado, que não é de pedra e cal, mas de gente, de irmãos que se devem amar entre si como Ele a todos amou.

Espiritizar, na proposta de Joanna de Ângelis, tem esse sentido de resgate, de atrair a pessoa que apenas frequenta para que se torne praticante, adotando o Espiritismo e não querendo ser por ele adotado, de permitir-se que o Espiritismo entre nela e não apenas entrar no Espiritismo.

Mas, também, espiritizar tem o sentido de viver o Espiritismo como ele é, na sua essência, sem adulterações, modismos, sincretismos, sem adaptações ou concessões a outras correntes de ideias, por mais respeitáveis sejam ou pareçam.

Existem propostas muito boas, mas no lugar onde elas estão; se transplantadas para o Espiritismo, depereçam, além de asfixiarem o Movimento Espírita.

Divaldo afirma: *"Joanna de Ângelis, com muita veemência, teve a oportunidade de nos propor a espiritização de nossa Casa, porque, se o indivíduo vai ao templo budista, ali estão as suras do pensamento de Sakia Muni, o grande príncipe Sidartha Gautama. Se vai a uma entidade protestante, encontra a presença da Bíblia. Se vai a um culto católico, submete-se aos dogmas da Igreja... Por que a Casa Espírita deverá ser o lugar de ninguém, o recinto no qual tudo é válido, como se fosse o* tour de force *para que cada qual exiba aquilo que lhe aprouver...?"*

A segunda proposta de Joanna de Ângelis é a *qualidade*, este conceito moderno que é quase uma doutrina, uma metodologia científica para se alcançar resultados exitosos, mas que já fazia parte (como faz) do pensamento espírita, graças à visão grandiosa e notável de Allan Kardec.

Diz Divaldo: *"Para que nos tornemos espíritas, deveremos adotar a qualidade de uma pessoa de consciência... buscar a qualificação espírita, e tentar saber realmente o que é o Espiritismo... Procurar melhorar as qualidades morais, sociais, fa-*

miliares, as funcionais e as de trabalhador da Casa Espírita... Aliás, essa ideia de competência, em oposição à pressuposição de que a boa vontade basta, lembra Goethe, o célebre poeta alemão, quando propôs que nada há pior do que a pessoa de boa vontade sem conhecimento, pois atrapalha mais do que ajuda.

A terceira proposta é o *humanizar*, que representa o sentimento de humanidade, de caridade. É o saber oferecer-se, despersonalizar-se, libertando-se do *ego* e colocando-se no lugar do outro para o ajudar com prazer, com alegria. Enfim, perceber que tudo o que se faz há de visar ao homem, à qualidade de vida, e não aliar-se à filosofia chã dos resultados pelos resultados. O humanizar reflete bem a solidariedade do lema de Kardec, e a tolerância também, que não é conivência, não sacrifica a verdade nem o amor, a nada nem a ninguém.

Encerra brilhantemente a sua proposição com as seguintes palavras: *"Com esses requisitos eu devo ser bom, nobre, justo, paciente, gentil, e se eu tiver algumas dessas qualidades, já terei o suficiente para ser um homem de bem, embora outras tantas ainda me faltem, mas que eu procurarei conquistar através dos tempos futuros."*

77. E como deveremos aplicar a trilogia de Joanna de Ângelis nas questões da prática mediúnica?

Espiritizar: porque prática mediúnica espírita é para espíritas convictos, integrados na Casa Espírita. Não é para curiosos, amantes de benefícios, apelantes sistemáticos, distraídos em relação à transformação moral, muito menos para os "amadores de comunicações", interessados tão somente em fenômenos. Prática mediúnica espírita é para os verdadeiros espíritas, interessados em espiritizar-se cada vez mais. Nenhum elitismo, nem preconceito, mas coerência doutrinária, zelo pelo investimento da fé. Nela não comportam: superstições, concessões indébitas ao sincretismo religioso; nada de cânticos, procedimentos importados para relaxar ou concentrar, mas pura e simplesmente os procedimentos espíritas, na sua simplicidade e naturalidade, conforme herdamos das tradições kardequianas e que os bons espíritos, com o auxílio dos homens, vêm atualizando ao longo dos anos.

Qualificar: sobre esse item, basta-nos lembrar o que o Codificador estabeleceu: *–"As comunicações de Além-túmulo cercam-se de maiores dificuldades do que geralmente se crê: não estão isentas de inconvenientes e perigos para os que não têm a necessária experiência. Sucede o mesmo a quem se mete a fazer manipulações químicas sem conhecer a Química: corre o risco de queimar os dedos"* (O Que é o Espiritismo).

Humanizar: porque se exige do candidato já adepto, além de uma base intelectual, uma preparação emocional para o serviço de cooperação com os Espíritos, trabalho esse que tem por objetivo o homem, a sua transformação moral, e a da Humanidade, a sua conversão ao bem, através da crença e do amor.

A falta desses critérios, que aparecem ampliados nesta obra, tem conduzido ao desastre alguns experimentos mediúnicos, o que, de certo modo, emperra a marcha do Movimento Espírita, na atualidade.

Enquanto a questão da Prática Mediúnica não for equacionada e conscientizada, libertando-a de atavismos e crendices, o Movimento Espírita estará freado em sua marcha, permanecendo vulnerável às críticas, e retardando a obra de implantação do Espiritismo na Terra.

78. Quais as diretrizes a serem seguidas por uma equipe mediúnica para alcançar um padrão de qualidade ideal em seus trabalhos de intercâmbio espiritual?

A ideia de qualidade, pode-se dizer, nasce com a estruturação do próprio grupo mediúnico, antecedendo as primeiras gestões concretas para organizá-lo. Uma vez iniciado o seu funcionamento, deve-se incorporá-la à consciência de todos os seus membros, como um dever inalienável.

Consegue-se o intento quando cada um dos seus integrantes esforça-se por aprimorar-se no exercício da função que desempenha, cabendo ao dirigente definir os padrões inerentes a cada função, bem como os parâmetros de avaliação, indicadores desses resultados felizes que se almejam, os quais cada um se encarregará de verificar em si mesmo e por si mesmo, numa atitude permanente de reflexão e de autocrítica.

Não deve ser cultivado pela direção, nem pelo grupo, o hábito de identificar responsáveis ou culpados pela qualidade insatisfatória, mas, ao contrário, envidar-se-ão esforços no sentido de resolver os problemas detectados, erradicando-se-lhes as causas através de estudos, encontros, seminários, para troca de experiências e, também, ajustando-se a capacidade de cada membro às expectativas da função que desempenha.

Imprescindível que a equipe não se acostume a conviver com erros ou deficiências, em vez disso criando mecanismos rápidos para identificá-los e corrigi-los, até atingir-se um estágio mais avançado em que semelhantes falhas sejam evitadas pelas ações preventivas adotadas pelo grupo.

79. Existem padrões de qualidade inerentes a cada função de que se compõe uma equipe mediúnica e outros, genéricos, inerentes a todas as pessoas do grupo. Fale-nos a respeito destes últimos?

Sobre esses padrões genéricos relacionados a toda equipe mediúnica, independentemente de função, já nos referimos no primeiro livro da série *Projeto Manoel Philomeno de Miranda*, intitulado *Reuniões mediúnicas*, na sua segunda parte.

Poderíamos, agora, para melhor entendimento e à guisa de reforço, reuni-los em dois grupos: o primeiro, identificado com o conjunto das qualidades humanas, e nele incluiríamos as inerentes à boa moral e à afetividade, que são valores capazes de promover a amizade e a cordialidade, bases essenciais para qualquer labor em equipe que tenha por meta um ideal elevado. O segundo, a consciência dos princípios fundamentais da atividade mediúnica, que são as noções de *missão*, *objetivos* e *finalidades*, conceitos esses que devem estar na mente de todas as pessoas que vivenciam a mediunidade, além da percepção clara dos compromissos que é preciso assumir para o êxito almejado, dentre os quais se incluem a ação no bem, o estudo, a oração, a meditação e outras disciplinas preparatórias.

80. Pode-se conceituar cada um dos princípios fundamentais da atividade mediúnica citados na questão anterior?

Missão: tomaríamos, a partir dos ensinos dos Espíritos, como a regeneração da Humanidade através da canalização do pensamento dos mentores espirituais, sob o comando de Jesus, no seio das ideias humanas, para fecundá-las de modo a promover ou acelerar o crescimento ético-moral das criaturas. Neste particular, a missão da mediunidade se confunde com a do Espiritismo.

Objetivos: são as três grandes propostas do Codificador: instrução dos encarnados, erradicação da incredulidade e o trabalho terapêutico de aconselhamento aos Espíritos que sofrem e aos que fazem sofrer.

Finalidades: tomamo-las ao pensamento de Manoel Philomeno de Miranda, Espírito, na obra *Temas da vida e da morte*. Para os encarnados são as lições proveitosas que a prática mediúnica proporciona, a melhor compreensão da Lei de Causa e Efeito, que o fato mediúnico traz à tona em lições vivas, o exercício da caridade e da fraternidade anônimas entre os membros da prática mediúnica e destes em relação aos desencarnados que não vemos, sensibilizando-nos para ajudar aos que vemos e, por fim, a conquista de amizades entre os Espíritos que se comunicam conosco.

Para os desencarnados é o alívio de seus sofrimentos, para aqueles que não têm condições de sintonizar diretamente com os bons Espíritos, conseguindo-o por meio dos médiuns e doutrinadores, através do diálogo, do choque fluídico, das cirurgias perispirituais.

ORGANIZAÇÃO

81. Privacidade, seleção criteriosa de participantes, ambiente harmonizado, exclusivamente reservado para as reuniões mediúnicas ou para atividades afins, e regularidade com a mesma equipe são padrões de qualidade para a prática mediúnica já amplamente justificados na obra Reuniões mediúnicas, *de nossa autoria. Que outros padrões de qualidade inerentes à organização das reuniões poderão ser incluídos como indispensáveis?*

    Reputamos essenciais, além dos itens citados, dois outros:

Adestramento da equipe, que tem conotação diferente de estudo. Este costuma ser teórico, podendo, também, ter certa abrangência prática, com simulações, troca de experiências e análises de casos, etc. Adestrar, todavia, compreende um passo adiante; envolve exercício para as funções a desempenhar, supervisionado por pessoas que possuem experiência comprovada, aliada à competência.

    Tem sido muito raro entre as práticas do Movimento Espírita os grupos mais experientes prestarem ajuda aos grupos iniciantes, seja porque os primeiros se fecham, não admitindo presença de estranhos em suas práticas, com receio da quebra de harmonia, seja porque os segundos se isolam para não darem demonstrações de ignorância ou porque aspiram a descobrir, por si mesmos, o caminho com o auxílio dos Espíritos. Tem havido exemplos felizes de experiências desse tipo em que os espíritos formam os seus auxiliares, seguindo com eles o árduo trabalho de suprirem a falta de experiência. De valor incomensurável este adestramento promovido pelo Mundo espiritual, o qual, todavia, não dispensa os esforços humanos para que se ajudem uns aos outros, pessoas ou grupos, na esfera do cotidiano, agilizando o processo de *espiritização* das Casas Espíritas e da própria sociedade.

Espontaneidade das comunicações, que é de relevância inquestionável. Tão importante esse item, que recorremos a um resumo de artigo publicado na revista *Presença Espírita*, de março/abril de 1998, da autoria de um membro da equipe do *Projeto Manoel Philomeno de Miranda*, com o título: *De ordinário são eles que nos dirigem*, o qual resumimos e adaptamos:

Ei-lo:

Com essa expressão fecha-se a questão 459 de *O Livro dos Espíritos*, a respeito da influência dos desencarnados na vida dos homens.

Pode parecer ao observador apressado, que examine a frase superficialmente e fora do seu contexto, que as criaturas da Terra não passam de autômatos, desprovidas de lucidez e vontade, vivendo ao sabor do que decidem os Espíritos.

Todavia, é uma evidência inquestionável para os que se interessam pelos temas imortalistas, que há mais intercâmbio entre os homens da Terra e os Espíritos do que se percebe objetivamente. (...)

Desloquemos esses comentários para as questões inerentes à prática mediúnica em grupo, conforme vêm sendo realizadas nas Casas Espíritas, as chamadas reuniões mediúnicas. Esses trabalhos de intercâmbio espiritual são realizados em parceria com os bons Espíritos, para que possamos aprender e servir.

Esses Espíritos nobres, que nos acolhem e inspiram, jamais podem ser dirigidos por nossa vontade, pois deles procedem a energia maior, a sabedoria maior, o amor de plenitude, não passando nós de meros aprendizes da "escola da vida" que o amor de Deus entregou aos cuidados deles, instrutores benevolentes e dedicados. (...)

Tais comentários visam a introduzir uma questão da maior relevância para o Movimento Espírita, no que tange à direção e planejamento das reuniões mediúnicas de caráter terapêutico: *A quem cabe a programação dos Espíritos sofredores*

Qualidade na Prática Mediúnica

que devem ser atendidos através dos médiuns? A eles, os nossos guias espirituais, como os chamamos, ou a nós, os guiados? Se os guiados programam não deixando qualquer espaço decisório para eles, os mais sábios e competentes, tal procedimento implica amarrá-los totalmente (como se fosse possível) e submetê-los ao talante de nossos caprichos e determinações. (...)

As nossas reuniões mediúnicas – com as devidas exceções – estão tão cheias de petitórios, a lista de clientes preenchida de modo tão exclusivo pelos agentes e procuradores humanos que os bons Espíritos estão encontrando muita dificuldade em socorrer de fato, ademais porque eles somente o fazem pelo critério do mérito e da oportunidade real com chance de ser aproveitada e valorizada.

Ocorre que essa forte ingerência humana no planejamento e organização das reuniões mediúnicas tem concorrido muitíssimo para que elas percam a qualidade e deixem de cumprir o papel terapêutico para o qual foram criadas.

Temos registrado nos seminários que realizamos alguns problemas relevantes relacionados à questão de que tratamos.

O primeiro deles é a perda gradativa de produtividade em trabalhos práticos antes tidos como eficientes. E as pessoas assim se colocam: *" – De uns tempos para cá as nossas sessões ficaram desinteressantes, as comunicações diminuíram em quantidade e qualidade e quase mesmo silenciaram."*

E nós lhes dizemos: *" – É a misericórdia Divina agindo para precatar vocês de acontecimentos desagradáveis. Antes silenciar a boca mediúnica do que submetê-la ao trabalho do personalismo e das mistificações."*

De outras vezes, são médiuns a se queixarem: *" – Tudo ia bem comigo, dentro naturalmente da relatividade de minha condição humana. Mas, de repente, me impuseram que trabalhasse mediunicamente atraindo espíritos vinculados aos encarnados em estudo de obsessão evidente e eu não tenho suportado essa carga nem me adaptado a esse método forçado de atuar na mediunidade. Que faço agora?"*

Pergunta difícil, a que só podemos responder de forma conciliatória, para não estimular a indisciplina nem a desagregação: "– Esforce-se por adaptar-se, mas converse com o dirigente propondo adequações que sejam compatíveis com os princípios doutrinários. Procure encontrar fatores de equilíbrio em você mesmo que prevaleçam em quaisquer circunstâncias, mas não ultrapasse o limite de suas resistências. Sentindo os sinais de desarmonias físicas e emocionais, comunique o fato à direção dos trabalhos mediúnicos e não dê campo mental para atendimentos a Espíritos atormentadores.

Permitimo-nos tocar noutro ponto importantíssimo, introduzindo-o através da seguinte questão: *"Para que as etapas mediúnicas da desobsessão aconteçam através da psicofonia ou da incorporação do desencarnado infeliz e infelicitador, é necessária a presença dos encarnados afetados pela obsessão nas reuniões mediúnicas?"*

Alguns defendem a tese de que a proximidade física entre vítima, algozes e socorristas favorece as ligações psíquicas entre os médiuns, agentes diretos do socorro, e com base nesse argumento desconsideram os vários inconvenientes provocados pela presença de pessoas despreparadas e estranhas ao grupo socorrista nas reuniões mediúnicas, dentre as quais destacamos a perda de privacidade do grupo e as consequências disso decorrentes para a harmonização dos pensamentos (ver *Influência do meio*, em *O Livro dos Médiuns*, cap. XXI) e, mais grave ainda, os riscos a que são submetidos os próprios doentes encarnados, despreparados e fragilizados como se encontram, de serem impressionados desfavoravelmente com as ameaças e a linguagem agressiva e chocante dos espíritos brutalizados e odientos.

Somos favoráveis à ideia de que os bons Espíritos dispõem de recursos muito eficazes para trazer às reuniões mediúnicas as Entidades que desejam socorrer (e os fatos são inúmeros) independentemente de outras providências humanas que não a de estarmos preparados sempre, criando um padrão vibratório de superior qualidade para o Centro Espírita...

Não há necessidade, portanto, de franquear as reuniões aos apelantes do socorro desobsessivo, o que é prejudicial, sem dúvida, nem dificultar o trabalho dos mentores espirituais com o rosário de nossos pedidos, quase sempre carregados de preferências injustificáveis e improcedentes...

82. Há uma tendência natural, no Movimento Espírita, de classificar as práticas mediúnicas de caráter terapêutico em reuniões de educação da mediunidade e reuniões de desobsessão. Como se estrutura cada uma delas?

As reuniões de educação mediúnica, como o próprio nome sugere, são as que agrupam pessoas sem experiência, procedentes tanto dos cursos básicos de Espiritismo como das diversas áreas de atividades estruturadas na Casa Espírita.

Essas reuniões se formam, às vezes, em sequência aos currículos de estudos sistematizados da Doutrina Espírita, quando o interesse de uma determinada turma de alunos direciona-se para os estudos teórico-práticos específicos sobre mediunidade e o Centro Espírita resolve dar guarida a esse interesse.

Todavia, semelhante modelo de formação de novos grupos mediúnicos – a partir dos de estudos – não é o único. Diversas Casas Espíritas, mesmo quando aproveitam alunos concluintes desses cursos, preferem distribuí-los pelos diversos grupos mediúnicos já existentes, enquanto outros Centros Espíritas só admitem candidatos a partir do corpo de seus trabalhadores, tenham eles feito cursos ou não.

Seja como for, torna-se necessário, para quem não estudou o suficiente, que o faça o quanto antes, assumindo o compromisso de se instruir sempre, enquanto os que apenas estudaram – e devem estudar incessantemente, porque ninguém está completo – se integrem no trabalho, evitando-se aquela tão velha e indesejável situação do Centro Espírita dividido entre os que apenas frequentam reunião mediúnica e os que participam de modo amplo e diversificado de suas atividades.

Mas, para que ocorram essa maturação e o crescimento dos grupos mediúnicos, é preciso que, desde o início, se faça uma boa seleção, levando-se em conta, entre outras coisas, o valor moral do candidato.

Na fase inicial de vida das reuniões de educação mediúnica costuma-se reservar a maior parte de seu tempo de duração para o estudo das disciplinas teóricas, ficando a parte menor para os exercícios práticos. Com o passar dos anos e à medida que os potenciais mediúnicos das pessoas vão sendo desvelados, a demanda de espíritos sofredores atraídos para essas reuniões cresce, tornando-se necessário aumentar o tempo reservado para o intercâmbio espiritual, em detrimento da duração do estudo, até o ponto em que o programa teórico informativo se esgota e o experimento passa a ter um caráter normal de reunião mediúnica.

A partir daí, a preparação na sala mediúnica deve resumir-se a uma simples leitura, suprimindo-se o estudo, que passa a ser inconveniente por exigir dos participantes certa excitação intelectual, comentários, quando o que se quer é levá-los à quietude emocional e ao recolhimento íntimo, favorecedores da passividade mediúnica e da concentração. Isso não significa rejeição ao estudo que deverá ser feito em outra ocasião por iniciativas organizadas pelo grupo ou por autodidatismo.

Adquirida a personalidade própria, a reunião mediúnica terá uma longa trajetória a trilhar, durante a qual a equipe irá adquirindo experiência e se capacitando para responsabilidades cada vez maiores.

Conquanto caiba aos dirigentes o recurso de ir injetando nos grupos elementos novos, em substituição aos que se afastam ou são afastados, ou promover permutas de pessoas entre os grupos, sempre objetivando o propósito-fim da lei de sintonia e da qualidade, é de se esperar que cada reunião mediúnica, a partir de seu grupo-base, promova a sua ascensão até o limite possível, de conformidade com o valor médio das possibilidades evolutivas de seus membros.

É nessa trajetória que chegará o momento para passar a se envolver com a desobsessão, primeiramente através de alguns médiuns que se adestraram e se fortaleceram mais rapidamente, depois com a maioria ou com todos.

O momento de começar a desobsessão não se dá por decreto humano. Queremos com isso dizer que não basta que o dirigente encarnado do grupo afirme: "A partir de hoje o nosso grupo será de desobsessão". Se o grupo não estiver maduro e preparado, os mentores não acatarão a vontade dos encarnados, prosseguindo a reunião conforme a capacidade da sua equipe. Havendo insistência dos dirigentes para se autopromoverem, provocando atendimentos para os quais o grupo não tem suporte, a obsessão se instalará nos médiuns, ou então fará enveredar pelo desserviço das mistificações.

Quem examinou a obra de Manoel Philomeno de Miranda, *Trilhas da libertação*, há de se lembrar da advertência do Espírito Carneiro de Campos, quando, textualmente, escreveu no capítulo intitulado *A luta prossegue*:

O labor de desobsessão é terapia avançada que exige equipes hábeis de pessoas e Espíritos adestrados nas suas realizações, de modo a se conseguir os resultados positivos e esperados. Não raro, candidatos apressados e desaparelhados aventuram-se em tentames públicos e privados de intercâmbio espiritual, desconhecendo as armadilhas e a astúcia dos desencarnados, procurando estabelecer contatos e procedimentos para os quais não se encontram preparados, comprometendo-se desastradamente com aqueles aos quais pretendem doutrinar ou impor suas ideias.

Arrogantes uns, ingênuos outros, permitem-se a leviandade de abrir portas mediúnicas a intercâmbio desordenado, na pressuposição de que se podem fazer respeitados, obedecidos, em grande risco de natureza psíquica.

Sobre desobsessão é preciso ainda enfatizar que se trata de um processo amplo, que envolve não apenas a reunião mediúnica, mas o conjunto das atividades do Centro Espírita, conforme elucidou o trabalho apresentado no 1º Congresso Espírita Brasileiro, outubro de 1999, intitulado *O Centro Espírita e a desobsessão,* do qual extraímos o seguinte e interessante tópico:

O Centro Espírita que se quer dedicar ao mister da desobsessão tem que ser preservado das desarmonias vibratórias geradas pelas mentes de seus participantes. Deve haver nele um clima fraternal preponderante e seus membros devem estar interessados sinceramente na proposta evangélica do amor e da solidariedade entre todos.

EQUIPE

83. As funções de um trabalho mediúnico são específicas?

De relevância o papel de cada um no contexto do grupo que se dedica ao labor mediúnico solidário com finalidades terapêuticas.

Há funções bem definidas que, de um certo modo, correspondem a importantes especializações. André Luiz anotou em *Desobsessão*, Cap. 20: "*Todos os componentes da equipe assumirão funções específicas*". Portanto, constitui-se indicativo de qualidade organizacional a condição de um grupo mediúnico em que cada um está consciente das atribuições inerentes à função que desempenha, sejam o dirigente, os doutrinadores, os médiuns ostensivos, nas suas variadas espécies, e os assistentes-participantes, aqueles que funcionam como auxiliares para a sustentação vibratória do trabalho.

Uma discussão que ainda perdura no Movimento Espírita é a de se saber, ao certo, se um médium ostensivo pode desempenhar as funções de doutrinador. Embora a maioria, hoje, opte para que se respeite a aptidão específica de cada um, vez que outra surgem questionamentos quais o seguinte:

"*Quando um médium detém os conhecimentos e qualidades inerentes à função de doutrinar e o grupo se vê privado de doutrinadores competentes, por motivos variados, não é preferível contar com o médium ostensivo capaz do que improvisar-se com um doutrinador reconhecidamente deficiente?*"

A solução para este caso é convocar doutrinadores de outros grupos mediúnicos da Casa, em se tratando de uma situação passageira.

Em casos que requeiram uma solução definitiva, os mentores podem utilizar-se de um médium ostensivo que atenda ao perfil desejado de doutrinador, mas reorientarão a mediunidade desse sensitivo, do transe para a intuição, fazendo-o, todavia, de uma forma duradoura ou definitiva.

E somente assim procederão para atender necessidades relevantes, jamais para sustentar a vaidade de tudo querer fazer ou para fomentar improvisações oriundas da desorganização humana, compreensivelmente superáveis.

MÉDIUNS

84. Que padrões de qualidade apontaríamos para o médium se autoavaliar?

Se compreendermos que a mediunidade transita da insipiência para a automatização, quando o trabalho do sensitivo se caracterizará pela segurança, facilidade e rapidez de entrar em contato com os Espíritos para interpretar os seus pensamentos, perceberemos que esse trabalho depende fundamentalmente da concentração. Saber concentrar-se, asserenar a mente discursiva, reduzir o fluxo dos pensamentos, interiorizar-se, expandir a aura e encher-se de misericórdia para doar-se, acolhendo nas próprias entranhas a dor dos infelizes ou a doação de amor dos Espíritos nobres a ser repartida entre os necessitados, eis o fanal. Enfermeiro especializado que é, ou mensageiro de esperanças, o médium haverá de compreender a superior importância de promover a disciplina mental e o aquietamento emocional para obter uma boa concentração, de que dependerão os demais parâmetros, tais como a *facilidade de estabelecer a comunicação*, ou seja: mensagem escorreita, fluindo rapidamente, sem repetições e frases entrecortadas, o que depende de uma boa filtragem; *a regularidade no exercício*, que confere ao médium uma produtividade aceitável sem aqueles silêncios demorados que caracterizam perda de sintonia, por vários motivos a considerar, uns inerentes ao próprio médium e outros ao meio; *diversidade de tipos de Espíritos comunicantes*, o contrário da mesmice, deficiência que pode ser um indicativo de uma rigidez de personalidade mediúnica que não dá margens à afinidade perispiritual com espíritos de temperamentos diferentes do próprio sensitivo ou a um processo de obsessão simples em instalação.

Naturalmente que, em oposição aos aspectos positivos retrocitados como parâmetros aferidores da qualidade mediúnica, estariam os clássicos obstáculos da mediunidade: *os conflitos e dúvidas* na feição de agentes congeladores da energia mediúnica; *a inibição*, oriunda de problemas de personalidade mal resolvidos; o animismo nos seus vários aspectos, desde a centração excessiva do médium em si mesmo, projetando fortemente o passado, aos ruídos de comunicação característicos de medianeiro desarmonizado ou excessivamente voltado para outros interesses incompatíveis com as disciplinas que o exercício mediúnico impõe. Por fim, a mistificação do ego, resultante de processos involuntários de exacerbação nervosa que acompanham o sensitivo desgastado ou mal atendido por um doutrinador inexperiente ou mal sintonizado.

Comporta nestes comentários, algumas sugestões para os médiuns, de ordem prática:

1ª) Aceite o pensamento do Espírito comunicante e deixe que essa ideia o empolgue, para expressá-la com a força de uma convicção. É preciso que o médium aguarde um pouco antes de dar a mensagem para fixar bem a sintonia;

2ª) Concluída a comunicação, retire o seu conteúdo da memória e nunca faça qualquer tipo de comentário sobre detalhes da ocorrência do fenômeno, a fim de que possa descondicionar-se e, com o tempo, automatizar a sua função.

85. *Todos esses aspectos, que são indicadores do desenvolvimento da aptidão mediúnica, serão percebidos pelo médium, sozinho, sem o auxílio de outrem?*

Não dizemos propriamente sozinho, mas, por iniciativa pessoal, sim. Cabe-lhe interessar-se por seu desenvolvimento na mediunidade. Isso fará dele um observador atento em relação ao seu próprio e ao trabalho dos outros. E, quando necessário, ele perguntará, buscará opiniões dos mais experientes, conversará com outros médiuns, com os doutrinadores, comparando respostas e informações para formar o seu cabedal de conhecimentos, montar o seu banco de dados. É nesse sentido que o estudo se transformará em oficinas de realizações importantíssimas e eficazes.

O médium, assim interessado, atrairá a simpatia e a confiança do dirigente e das pessoas mais aptas, que terão prazer em, espontaneamente, procurá-lo para oferecer-lhe orientação e ajuda, porque sabem que encontrarão nele boa vontade e não o melindre, que é o disfarce mais grosseiro com que se veste o orgulho.

A mola mestra do sucesso é o interesse, a motivação. O médium haverá de se conscientizar de que a mediunidade é para ele uma honra, uma outorga divina que deverá emulá-lo em uma entrega feliz e prazerosa de si mesmo. O mundo precisa de médiuns entusiasmados, interessados em fazer com que a faculdade neles brilhe como um Sol, conscientes de que são, na Terra, os legítimos representantes dos emissários de Jesus, diferentemente daqueles que, diante do convite, se tornam apáticos, envergonhados como se a mediunidade neles não coubesse bem, sendo-lhe um transtorno incômodo e pesado.

Para aqueles que assim positivamente se fazem, a autocrítica não pesa nem constrange, antes se torna um caminho para o aprendizado constante e a autoiluminação.

DOUTRINADORES

86. Focalizando agora o doutrinador, quais os padrões de qualidade que deverão guiá-lo no exercício de suas funções?

A primeira consideração a fazer é que o médium doutrinador tem um *perfil próprio* que o deve caracterizar. E a tônica principal dentro desse perfil deverá ser a *racionalidade*, o que não significa frieza, mas a base na qual vai apoiar-se no campo das ideias, para expressar o seu trabalho num clima de segurança e estabilidade emocional capaz de infundir confiança naqueles que atende.

Diferentemente do médium de transe, que tem uma característica emocional muito vibrátil, o doutrinador ou terapeuta espiritual deverá ser emocionalmente menos oscilante, menos excitável, embora amoroso e disponível.

A mediunidade nele se expressará através da assimilação de correntes mentais, sem participação nervosa, através da intuição, a fim de que se ligue aos Espíritos socorristas que o inspiram sem se envolver mediunicamente com os sofredores que se comunicam e com os quais vai dialogar, o que não o impede de passar-lhes a energia dos bons sentimentos, a força da palavra abalizada e gentil, e as diversas terapias que complementam o aconselhamento.

Essa forma especial de ser médium garante-lhe a recepção das intuições enquanto ouve os Espíritos, mesmo raciocinando para organizar respostas adequadas e coerentes, estímulos e orientações, que passarão sob a forma de reflexões àqueles com quem dialoga.

Como importante se faz em todos os participantes de trabalhos mediúnicos o comportamento moral, no doutrinador essa qualificação se torna vital, essencial, pois, como terapeuta espiritual ajudará muito mais com sentimentos do que com raciocínios, sendo a condição moral a única via capaz de estabelecer a sintonia com os mentores espirituais e a única força capaz de infundir respeito aos Espíritos rebeldes, ignorantes, primitivos, desarvorados, que são trazidos para receberem as terapias específicas.

Exige-se-lhe, ainda, um largo *conhecimento doutrinário e do Evangelho,* pois que estes serão a fonte supridora de onde emanarão suas orientações.

A posse desses elementos em nível adequado e razoável enseja ao doutrinador alcançar os seguintes tentos, que lhe deverão constituir os indicadores com que avaliará o seu trabalho:

Saber ouvir, fruto de uma observação atenta, concentrada, sem as tensões emocionais inquietantes do medo e da ansiedade; ouvir primeiro para depois orientar com segurança; *rapidez de percepção,* derivada de uma intuição clara, que, não acontecendo, fará perder-se em sindicâncias demoradas que prejudicam o atendimento no seu todo; *intervenções oportunas e nas horas certas,* resultado da interação das conquistas anteriores; e, finalmente, o uso das *terapias complementares à palavra,* tais o passe, a oração, a sonoterapia, a sugestão hipnótica e a regressão de memória, que são procedimentos indispensáveis em determinados momentos, e que deverão ser aplicados em consonância com os mentores espirituais, facilmente percebidas se estiver funcionando efetivamente a intuição.

Posturas corporais e psicológicas são ainda padrões de qualidade para o doutrinador, pois se refletem nos resultados conforme o teor delas, favorecendo o êxito ou limitando-o.

Postura correta é o doutrinador colocar-se atrás ou ao lado do médium em transe, evitando aproximar o seu rosto do dele, para não invadir o campo de aura do sensitivo, resguardando-o assim de constrangimentos e irritação. Caso o médium esteja falando baixo, o doutrinador pedirá para altear um pouco mais o tom de voz em vez de se inclinar em demasia sobre seu corpo.

Assume postura incorreta o doutrinador quando se interpõe entre o médium e a pessoa sentada ao lado, colocando a mão sobre a mesa, o que limita os movimentos de ambos, principalmente do médium em transe. Certas posições, como esta, um tanto largadas ou sem aprumo, podem estar refletindo estados psicológicos ou emocionais não muito adequados: displicência, insegurança, cansaço...

DIRIGENTE

87. E o dirigente, de que elementos se servirá para se autoavaliar?

Em sendo também um doutrinador, provavelmente o mais experiente e respeitado do grupo, a ele cabem todas as propostas colocadas na questão anterior.

Todavia, uma importante qualidade adicional ao dirigente se impõe vivenciar: a *liderança*, que nele deverá ser natural, aquela que não é imposta por ordenações de natureza transitória, política, por exemplo, mas que venha do Mundo espiritual e que assim seja percebida e aceita pelo grupo.

André Luiz, Espírito, propõe, como base psicológica para o trabalho do dirigente em relação ao grupo, a ideia de um pai. Isto nos sugere a qualidade fundamental de um genitor, a *equanimidade*, a sabedoria de quem sabe distribuir atenção e apoio para com todos os "filhos" que se alimentam de suas orientações experientes e crescem amparados na exemplificação firme de quem se lhes devota sem restrições.

Por isso, é justo que estabeleçamos como indicativo de qualidade principal do trabalho do dirigente a condição de *progresso de toda a equipe*. Se todos estiverem bem, estimulados com o que fazem e motivados ao crescimento espiritual, o dirigente estará ótimo e, naturalmente, a reunião mediúnica será equilibrada e produtiva; se a maioria estiver bem, o dirigente, por sua vez, estará bem, sem descurar-se dos retardatários, mesmo compreendendo e respeitando a vontade e os limites de cada um; se a maioria estiver estagnada, desinteressada, obviamente a qualidade da reunião decairá, não se podendo dizer que o dirigente vai bem, embora não fique bem a desídia de abandonar o trabalho, entregando-o, sem antes empreender esforços, hercúleos esforços, para recuperar o empreendimento que talvez lhe tenha sido confiado pelo Alto como responsabilidade de grande significado evolutivo.

Adicionamos a essas considerações dois importantes indicadores de qualidade para o dirigente: *habilidade para superar dificuldades*, e tantas podem ser lembradas: as de relacionamento da equipe e as do próprio trabalho para defendê-lo das investidas do mal, preservando-o das obsessões, das mistificações, das agressões aos médiuns e, decorrente do primeiro grupo, a *habilidade para orientar no momento oportuno*, a fim de que a demora em intervir, fruto das vacilações, não aprofunde os prejuízos nem enraíze vícios que, tarde enfrentados, se fazem mais difíceis de erradicados.

Assistente participante

88. A função do assistente tem sido até então pouco considerada, por desinformação quanto ao seu valor. Poderiam ser atribuídos a essa função padrões de qualidade para orientar os que nela estão enquadrados, à semelhança do que foi apresentado para as outras funções?

Convém, de imediato, dizer que assistente não é plateia, não é convidado, não é um necessitado que vai assistir à prática mediúnica para melhorar de saúde, o que, aliás, não se justifica, por ser danoso tanto para o visitante como para a própria reunião, conforme já colocamos em nossa obra *Reuniões mediúnicas*.

Não sendo um espectador, preferimos designar esse gênero de colaborador como assistente-participante, pois efetivamente ele participa, e de modo relevante. De outro modo, nos parece muito simpática a designação de médium de sustentação, característica de algumas áreas do Movimento Espírita, porque efetivamente a ação que desenvolve é voltada para o apoio, o auxílio magnético através da emissão mental e energética que beneficia os espíritos comunicantes e os doutrinadores em ação.

Os padrões de qualidade com que esse gênero de colaborador pode ser avaliado começam pela *concentração*, que se deve caracterizar pela atenção (sem tensão) em torno dos diálogos e de tudo o que acontece na reunião, de modo que possa sensibilizar-se positivamente, direcionando bem a sua ajuda. Não exercitando uma ação tão dinâmica, qual a do médium e a do doutrinador, o seu trabalho se torna um verdadeiro desafio no sentido de manter-se motivado. *Motivação*, portanto, pode ser considerada um padrão de qualidade. Esta conquista fará do assistente-participante um colaborador aplicado, um foco de *irradiação contínua do pensamento e das energias*, o que também poderá ser por ele analisado e percebido.

Em sentido contrário, os riscos a que está subordinado este gênero de colaborador são as divagações, os lapsos mentais, o cochilo, a apatia de quem considera o trabalho monótono, que vê tudo acontecendo da mesma forma, porque não aprendeu a perceber as ricas nuanças dos dramas e das lições vivas que numa reunião mediúnica desfilam.

Uma consideração a ser feita em torno do assistente-participante é que ele pode ser, sem que o saiba, um médium ostensivo ou intuitivo, e a mediunidade vir a eclodir a qualquer momento. Prevendo essa possibilidade, deverá ser informado pelo dirigente de como essa sensibilidade se manifesta para o transe, através das sensações e emoções próprias do médium psicofônico, e para a intuição, através da captação do pensamento dos mentores que assessoram os doutrinadores, podendo perceber, em dada ocasião com facilidade, o móvel, o problema principal que traz o Espírito comunicante e as suas necessidades, o que revela uma aptidão natural para a doutrinação a ser cultivada.

RESULTADOS

89. E a reunião mediúnica em si mesma, os seus resultados precisam de algum tipo de avaliação ou bastará que as pessoas avaliem a atuação que tiveram?

Conquanto a principal avaliação seja a de cada um com relação ao próprio trabalho, os resultados coletivos, a visão de conjunto podem e devem ser periodicamente focalizados. Somente que, neste caso, a forma de fazê-lo se caracterizará pela impessoalidade. O dirigente reunirá o grupo depois da reunião mediúnica, de preferência numa outra sala e, através de comentários, com a participação de todos, irá levantando os quesitos que considere importantes.

Os quesitos de avaliação estão contidos em dois grandes grupos: *a qualidade das passividades e a eficiência das terapias utilizadas*. O primeiro grupo terá reflexos evidentes no segundo, pois dificilmente teremos boas terapias se as passividades deixarem a desejar.

90. As passividades, de que forma avaliá-las? Poderemos sinalizar alguns padrões que sejam aferidores da qualidade do desempenho dos médiuns?

Os primeiros padrões de qualidade relacionados com as passividades são: *equilíbrio,* ou seja, ordem, comunicações controladas, sem exacerbações nervosas e postura dos médiuns educada, o que é fruto de um clima vibratório harmonizado; *ritmo,* sequência ordenada de comunicações sem o tumulto de muitas psicofonias simultâneas nem o silêncio da sua falta em determinados períodos; *clareza* das mensagens, que se obtém quando os médiuns são capazes de expressá-las de forma completa – sensações, emoções e pensamento das Entidades – e compreensível – coerência, fidelidade – o que depende de uma boa canalização e filtragem; *fluidez,* reflexo de um vocabulário correto e adequado, isento de repetições, atropelos e lapsos.

Como foi destacado antes, todos esses itens serão analisados de uma forma sistêmica, integral, as comunicações vistas no seu conjunto, e não uma a uma, porque o que se deve ter em mente é desenvolver a percepção da equipe com relação aos objetivos finais do trabalho.

Um trabalho de avaliação nestes moldes poderia começar com o dirigente fazendo perguntas de ordem geral, do tipo: – *Como é que vocês estão se sentindo, agora, depois da reunião? Na opinião de vocês a reunião, hoje, atingiu o nosso padrão habitual, superou-o ou esteve aquém?*

Seguir-se-iam questões mais direcionadas: – *como estivemos com relação ao equilíbrio e ao ritmo?* – ou, então, o dirigente comentaria diretamente qualquer situação específica por ele observada no transcurso da reunião: – *Houve momentos, hoje, em que nos perdemos na questão do ritmo; houve excesso de comunicações simultâneas.*

Outra forma de avaliar as passividades é formular questões-estudo como esta: – "*a quem cabe a responsabilidade de interromper uma comunicação muito demorada, ao médium ou ao doutrinador? Hoje, me pareceu que estivemos às voltas com este problema. Vamos estudá-lo?*"

Uma avaliação pode começar, também, a partir da iniciativa de alguém do grupo propondo ao dirigente um esclarecimento. O importante é que as coisas aconteçam de forma natural.

Embora não caiba, nesta proposta de avaliação, pessoas estarem a julgar pessoas, é possível que alguém do grupo, espontaneamente, um doutrinador, por exemplo, faça um comentário sobre o seu próprio desempenho, do tipo: – *Hoje eu tive dificuldade em determinado atendimento que fiz, não percebendo o problema principal da Entidade e, por isso, demorei-me muito em sindicâncias desnecessárias. As coisas não encaixavam no meu raciocínio; acho que não cedi campo para a inspiração.*

Ou, então, um médium, confiante e aberto, dizer: – *Houve momentos muito difíceis para mim naquela comunicação; parece que exagerei um pouco. Saí com a impressão de que teria atendido melhor se filtrasse mais o ímpeto agressivo do comunicante.*

Pois bem, cada situação dessas, cada pergunta, cada comentário suscitarão do dirigente, das pessoas mais experientes, em ordem, responder, aconselhar, visualizar melhorias a serem alcançadas ou destacar aspectos positivos, à guisa de estímulo.

Destaques poderão ser feitos a respeito da atuação dos mentores, por exemplo: Visitas importantes registradas, percepções visuais e auditivas inusitadas e enriquecedoras.

91. E como avaliar a efetividade do resultado terapêutico da reunião, uma vez concluída a avaliação das passividades?

Como sempre propusemos: com o auxílio de alguns parâmetros ou padrões de qualidade.

Basicamente uma reunião mediúnica de fins terapêuticos movimenta recursos dos mentores da Espiritualidade, via de regra transcendentes à compreensão humana, mais a contribuição energética dos médiuns de incorporação, através do choque anímico, e mais a colaboração dos doutrinadores, que se utilizam da energia da palavra, reforçada, quando necessário, pela oração, pelo passe magnético, pela sugestão hipnótica e pela regressão de memória.

CHOQUE ANÍMICO

92. O que é choque anímico e como funciona terapeuticamente nas reuniões mediúnicas?

Podemos dizer que toda contribuição energética do médium em transe a favor do Espírito comunicante é choque anímico.

Manoel Philomeno de Miranda, Espírito, em três de suas obras especializadas em desobsessão explica com detalhes o fenômeno. Deixemos que ele responda.

NAS FRONTEIRAS DA LOUCURA
(CAPÍTULOS – 25 E 26):

(...) Imantado (o Espírito) a um médium educado psiquicamente, se sentia parcialmente tolhido, com os movimentos limitados, e porque utilizando os recursos da mediunidade, recebia, por sua vez, as vibrações do encarnado que, de alguma forma exercia influência sobre ele.

(...)
Compreendendo (o dirigente da reunião depois de dialogar com o Espírito) que mais nada poderia ser feito naquela conjuntura e inspirado por Dr. Bezerra, passou a aplicar passes no médium, enquanto o mentor desprendia Ricardo (o Espírito), (...) após o que comenta:
– *A etapa inicial do nosso trabalho coroa-se de bênçãos... Desejávamos produzir um choque anímico em nosso irmão para colhermos resultados futuros...*"
A partir daquele momento, o Espírito passou a experimentar sensações agradáveis, a que se desacostumara.
O mergulho nos fluidos salutares do médium propiciou-lhe uma rápida desintoxicação, modificando-lhe, por um momento embora, a densa psicosfera em que se situava.
(...)
O *choque anímico* decorrente da psicofonia controlada, debilitou-o, fazendo-o adormecer por largo período. Não era, todavia, um sono repousante, senão o desencadear das reminiscências desagradáveis impressas no inconsciente profundo, que ele vitalizava com o descontrole das paixões inferiores exacerbadas.
Sonhava, naquele momento, com os acontecimentos passados, ressuscitados os clichês mentais arquivados.

Aquele estado, no entanto, fora previsto pelo mentor, ao conduzi-lo à psicofonia, de modo a produzir-lhe uma catarse inconsciente com vistas à futura liberação psicoterápica que estava programada.

LOUCURA E OBSESSÃO
(CAPÍTULO 11 – TÉCNICAS DE LIBERTAÇÃO):

(...) Da mesma forma que, na terapia do eletrochoque, aplicada a pacientes mentais, os Espíritos que se lhes imantam recebem a carga de eletricidade, deslocando-se com certa violência de seus hospedeiros, aqui aplicamos o choque anímico, através da incorporação (psicofonia atormentada) e colhemos resultados equivalentes...

(...) Do mesmo modo que o médium, pelo perispírito, absorve as energias dos comunicantes espirituais que, no caso de estarem em sofrimento, perturbação ou desespero, de imediato experimentam melhora... por diminuir-lhe a carga vibratória prejudicial, a recíproca é verdadeira... Trazido o espírito rebelde ou malfazejo ao fenômeno da incorporação, o perispírito do médium transmite-lhe alta carga fluídica animal que, bem comandada, aturde-o, fá-lo quebrar algemas e mudar a maneira de pensar..."

(...)
Consideramos o médium como um ímã e os Espíritos, em determinada faixa vibratória, na condição de limalha de ferro, que lhe sofrem a atração, e após se fixarem, permanecem por algum tempo com a imantação de que foram objeto. Do mesmo modo, os sofredores, atraídos pela irradiação do médium, absorvem-lhe a energia fluídica, com possibilidade de demorar-se por ela impregnados. Sob essa ação, a teimosia rebelde, a ostensiva maldade e o contínuo ódio diminuem, permitindo que o receio se lhes instale no sentimento, tornando-os maleáveis às orientações e mais acessíveis à condução para o bem. Qual ocorre na Terra, com determinada súcia de poltrões

e delinquentes, a ação da polícia inspira-lhes mais respeito do que a honorabilidade de uma personalidade de consideração.

(...) O tratamento (desfazimento de ideoplastia-exuantropia) foi demorado por causa da imposição da monoideia deformante e instilação exterior do ódio, além do que lhe jazia em gérmen... A desimantação teria que receber uma técnica de choque, através de vibrações dissolventes que atuassem no paciente (Espírito) de dentro para fora, pelo despertar da consciência, e de fora para dentro, desregulando a "construção física" (refere-se ao perispírito) da aparência que lhe foi colocada... Agora ele dormirá para o necessário equilíbrio do perispírito.

(...) Quando a Diretora informou que ele (o espírito que blasonava incorporado ao médium) iria sofrer já o efeito da prisão na qual se achava (o organismo do médium) e cujo corpo não podia manipular, o espírito, que descarregava suas energias de violência no médium, que as eliminava mediante sudorese viscosa abundante e fluidos escuros em quantidade, começou a sentir-se debilitado. Neste momento, a ação do perispírito do encarnado sobre ele fez-se muito forte e começou a encharcá-lo do "fluido animal" que lhe constitui o envoltório... Essa energia, de constituição mais densa, produzia no comunicante sensações que o angustiavam, como se lhe gerassem asfixia contínua. As forças que lhe eram aplicadas pela benfeitora e a psicosfera geral incidiam sobre ele de forma desagradável, demonstrando-lhe o limite da própria vontade e a debilidade de meios para prosseguir no alucinado projeto do mal a que se afervorava..."

TRILHAS DA LIBERTAÇÃO
(CAPÍTULO – A LUTA PROSSEGUE):

Na *comunicação física* (o corpo do médium como veículo) o perispírito do médium encarnado absorve parte dessa energia cristalizada, diminuindo-a no Espírito, e ele, por sua vez, receberá um *choque do fluido animal do instrumento*, que tem a finalidade de abalar as camadas sucessivas das ideias absorvidas e nele condensadas.

Quando um Espírito de baixo teor mental se comunica, mesmo que não seja convenientemente atendido, o referido *choque do fluido animal* produz-lhe alteração vibratória melhorando-lhe a condição psíquica e predispondo-o a próximo despertamento. No caso daqueles que tiveram desencarnação violenta – suicidas, assassinados, acidentados em guerras – por serem portadores de altas doses de energia vital, descarregam parte delas no médium, que as absorve com pesadas cargas de mal-estar, de indisposição e até mesmo de pequenos distúrbios para logo eliminá-las, beneficiando o comunicante que se sente melhor... Eis por que a mediunidade dignificada é sempre veículo de amor e caridade, porta de renovação e escada de ascensão para o seu possuidor.

(...)

A incorporação, em face da imantação magnética de ambos os perispíritos, impede o paciente (Espírito) de fugir ao esclarecimento, nele produzindo uma forma de controle que não pode evitar com facilidade.

93. À luz do que vimos sobre o choque anímico e sabendo-se que este fenômeno representa a contribuição terapêutica do médium de transe, quais os parâmetros de qualidade que podem ser estabelecidos para avaliar a sua eficiência?

Primeiro: a constatação de *alívio dos Espíritos que sofrem dores* (físicas ou morais) e outros que se apresentam depauperados, abatidos.

A incorporação, para esses, funciona à semelhança de um tônico, uma transfusão de sangue, como se o médium, no transe, ao receber o Espírito, estivesse a lhe aplicar um passe restaurador de forças.

Segundo: *a contenção do Espírito para o diálogo*. Alguns sentem prazer nesse diálogo, pois as energias do médium acordam neles impressões boas a que se tinham desacostumado, expandindo sentidos embotados (visão, audição, tato) e em contato com essas impressões deslumbram-se, renovam-se.

Uma variante desse comportamento são aqueles Espíritos que vêm impregnados da ambiência onde se encontravam (hospitais, lares, cenas de acidentes) e em contato com a energia do médium, que lhes acorda os sentidos, percebem que estão na sala mediúnica e quebram a fixação mental que promovia o sofrimento. Ao contrário, outros desejam se evadir do diálogo incômodo, mal suportando o remédio amargo que lhes vai ajudar. Em ambos os casos, a imantação forte que o perispírito do médium exerce sobre o Espírito garante a sua permanência até quando julgado necessário pelos mentores ou pelo controle consciente do médium.

Outro importante padrão de qualidade: *sensações físicas desagradáveis no Espírito*; asfixia, angústia acompanhada de receios, medo, abrandamento de ímpetos violentos, etc. Ocorrências desse tipo são comuns nas comunicações de espíritos em situação de desrespeito à reunião, revoltados, cínicos e, sobretudo, os interessados em prejudicar os equipamentos mediúnicos do sensitivo por retaliação ao fato de estarem sendo trazidos compulsoriamente à comunicação. As energias densas do perispírito do médium, já quase na faixa da matéria, são acionadas sob o comando sugestivo do mentor espiritual ou do doutrinador, até encharcar o perispírito do comunicante e abater-lhe o impulso agressivo.

Alguns Espíritos "acovardam-se", gemem, imploram clemência, porém outros, já na faixa quase da loucura, suportam, até o fim de suas reservas, o *choque anímico*, saindo da comunicação quase que em estado de desvario, dominados por monoideias, como foram programados para reagir, hipnotizados por Espíritos mais endurecidos do que eles.

Por fim: o retorno do Espírito para um novo diálogo em situação de maior lucidez. Como o *choque anímico* tem um efeito retardado, à semelhança de alguns medicamentos, cujos benefícios só aparecem no organismo depois, somente numa sessão posterior o doutrinador pode constatar-lhe os resultados.

Algumas vezes, o Espírito sai do contato magnético do médium com a única intenção de voltar ao seu hospedeiro, sua vítima, o que, algumas vezes, consegue. Em outros casos, o resultado é diferente: como um balão esvaziado, tomba exânime, dorme e sonha; faz uma catarse do inconsciente, ao cabo da qual passa a assumir um comportamento íntimo controvertido e paradoxal: revolta-se contra a interferência, mas, ao mesmo tempo, reflexões novas trazendo argumentos e ideias que lhe alcançaram antes associam-se à constatação do poder de Deus e das forças do Bem, muito superiores às suas e às de seus áulicos.

Nesse conflito é trazido para uma nova incorporação mediúnica, um novo choque fluídico ao qual tende a se apresentar mais lúcido, conciliador...

*

Concluídos estes comentários sobre *choque anímico*, podemos dizer ainda que essa terapia, essencialmente do médium, é a base e o pano de fundo sobre os quais todas as demais, de iniciativa do doutrinador, se estabelecerão. É por essa razão que afirma André Luiz, Espírito, que o médium é o primeiro socorrista (não o primeiro doutrinador como afirmam equivocadamente alguns).

PALAVRA

94. A terapia básica do doutrinador é a palavra. É sobre ela e como recursos complementares que as demais terapias serão aplicadas. Com o auxílio de que indicadores podemos avaliar a eficácia dessa terapia?

Iremos apenas sistematizar alguns itens para facilitar a avaliação da reunião mediúnica sob esse aspecto:

Móvel da comunicação identificado – esse é o item fundamental. Se o doutrinador percebe a problemática do Espírito, a terapia pode chegar a bom termo. Em caso negativo, o trabalho se restringirá ao *choque anímico*, podendo inclusive sofrer prejuízos, o Espírito e o médium. Alguns Espíritos expressam claramente o seu problema; outros o disfarçam, quando não é o caso de dificuldades inerentes ao próprio médium, que não consegue interpretar a mensagem lucidamente. Não seja isso, todavia, uma dificuldade insuperável, mas um teste a ser vencido pela carga de sentimentos elevados que o doutrinador deve colocar no seu trabalho.

Bons atendimentos ficarão por conta, sempre, de doutrinadores de percepção rápida, com intuição clara, tato psicológico, empáticos e otimistas.

Diálogo sustentado é a base sobre a qual se estabelecerá o entendimento. Haverá de saber, o doutrinador, ouvir e tomar a fala na hora certa, para tornar a cedê-la em seguida, para receber o *feed back* que abrirá espaço para o padrão de qualidade seguinte.

Espírito induzido à reflexão – João Cléofas, em *Intercâmbio mediúnico*, psicografia de Divaldo P. Franco, ensina que dialogar com esses companheiros, que pedem espaço através da mediunidade, é a arte de compreender, psicologicamente, a dor dos enfermos que ignoram a doença em que se debatem, usando a palavra oportuna e concisa qual um bisturi que opera com rapidez, preparando o paciente para uma terapia de longo curso. Por isso, propõe que se não tenha a pretensão de erradicar, naqueles breves minutos de diálogo, problemáticas profundamente enraizadas, mas que se aponte o rumo, despertando esses sofredores desencarnados para uma visão mais alta e otimista da vida, por meio de cujos recursos os realmente interessados no próprio progresso porão em prática as reflexões e orientações recebidas.

Pelo interesse revelado pelo Espírito atendido, saberá o doutrinador que aquele diálogo induziu o ser desencarnado a uma reflexão que poderá frutificar no amanhã.

Constitui-se momento extremamente feliz para o grupo quando alguns, dentre os muitos Espíritos que foram atendidos na reunião, voltam para agradecer.

ORAÇÃO

95. Como deve ser utilizada a prece no transcorrer da doutrinação, para atingir efeitos terapêuticos a benefício dos espíritos comunicantes em estado de sofrimento?

Alguns doutrinadores, enquanto estagiam nas fases da inexperiência, costumam recomendar aos Espíritos em estado de desespero, ou mesmo sofredores, que façam preces, que se utilizem da oração. E o fazem em tom imperativo, algumas vezes: *"Meu irmão, ore!"* De outras vezes, em tom sugestivo: *"Você precisa orar..."*

A atitude, de ambas as formas propostas, não é um procedimento recomendável, pois nenhum Espírito em condições de desarmonia emocional, como se apresenta a maioria, nas reuniões mediúnicas, tem condições para tanto. Estas recomendações soam como chavões que em nada ajudam. Depois de atendidos e aliviados, alguns, conforme o temperamento, podem ser orientados nesse sentido, mas de uma forma discreta e como uma recomendação a ser praticada depois daquele encontro. O doutrinador poderá fazer um comentário deste tipo: – *Graças a Deus você está melhor. A falta de oração fez que você chegasse até esse ponto. Mas o amigo, doravante, haverá de se lembrar de Deus e, certamente, orando, conservará o estado de paz em que se encontra agora. Observe: todos estamos aqui, silenciosamente, orando por sua paz.*

Em ocasiões especiais, o doutrinador recorrerá à prece, fazendo-a como se estivesse em associação com o Espírito que ali, diante dele, tendo experimentado o asserenar de seu tormento ou ansiedade, terá condições de, ao menos, acompanhá-lo com respeito. Há um exemplo clássico muito belo, no livro *Nos domínios da mediunidade*, capítulo VII; quando Raul Silva, o doutrinador em serviço, atende indigitado obsessor ao qual leva a emocionar-se, propondo-lhe, no meio do diálogo, a oração, que ele mesmo ali profere emocionado também.

Reproduzimos um trecho do diálogo para sentir a oportunidade do comportamento do doutrinador:

— Ignoro por que me entravam agora os passos. É inútil. Aliás, não sei a razão pela qual me contenho... Que querem de mim?

— Estamos em prece por sua paz — falou Silva, com inflexão de bondade e carinho.

— Grande novidade! Que há de comum entre nós? Devo-lhe algo?

— Pelo contrário — exclamou o interlocutor convicto —, nós somos quem lhe deve atenção e assistência...

Ante o argumento enunciado com sinceridade e simpleza, o renitente sofredor pareceu apaziguar-se (...) e comoveu-se diante da ternura daquele inesperado acolhimento... surpreendido, notou que a palavra lhe falecia embargada na garganta.

Sob o sábio comando de Clementino, falou o doutrinador com afetividade ardente:

— Libório, meu irmão!

Raul avançou para ele, impondo-lhe as mãos, das quais jorrava luminoso fluxo magnético, e convidou:

— Vamos orar!

— *Divino Mestre...*

Finda a oração, o visitante chorava.

Algumas regras, portanto, para a oração durante a doutrinação, as quais podemos considerar como padrões de qualidade:

1ª) *Orar somente diante de um Espírito comovido,* em face do resultado exitoso do diálogo. Equivale dizer: esperar que a tormenta passe, a onda do desespero amaine para fazê-lo.

2ª) *Orar em atitude associativa*, isto é, junto com o espírito, como se o problema fosse comum...

3ª) Não tornar um procedimento rotineiro. *Orar telementalizado pelo Espírito que o assiste* no trabalho da orientação. Em doutrinação, inspiração é tudo.

PASSES

96. O passe, como terapia auxiliar à palavra, pode ser usado indiscriminadamente ou somente em momentos adequados?

Os passes, durante a doutrinação dos Espíritos, devem ser usados com moderação e cautela, somente quando sua aplicação seja indicada. Neste particular, devemos copiar a Natureza – ela nunca se utiliza de recursos que não estão sendo reclamados e jamais consome energia além do necessário.

Devemos ter sempre em mente que, quando o espírito incorpora no médium, dá-se uma imantação e, através do *choque anímico*, começa a fluir energia num circuito de ida e de volta, do médium para o Espírito e desse para aquele, num sistema energético que é ajustado e controlado pelo mentor espiritual, a funcionar como um verdadeiro "técnico" em eletrônica espiritual ou transcendental. Ora, se o nível de energia estiver bom, isto é, a comunicação do médium se expressando equilibrada e controladamente, não há necessidade alguma de passes, não sendo de estranhar que esses possam ser mais prejudiciais que úteis, por se constituírem uma energia externa nem sempre bem dosada e corretamente aplicada. Imaginemo-la em excesso: poderá causar irritação; imaginemo-la aplicada com uma técnica dispersiva: agirá no sentido de desimantar, podendo arrefecer a energia da comunicação, afrouxar os contatos mediúnicos e até fazer cessar a transmissão da mensagem. Não é assim que procedemos quando queremos impedir uma comunicação indesejável, fora da reunião mediúnica, por exemplo, através de um médium desarmonizado?

Uma imagem de que nos podemos utilizar para entender o que estamos propondo é tomarmos por comparação uma solução de sal marinho em água: à medida que vamos adicionando sal à água, a solução vai ficando concentrada, até o seu limite de saturação, a partir do qual todo sal que se adicione se precipita, antes turvando a solução. Quando se age no sentido inverso, o da diluição, a solução pode tornar-se tão fraca que não se consiga perceber a presença do soluto. Comparando esta imagem com um sistema mediúnico (apenas para fins didáticos) teremos: precipitação sólida no fundo do vaso equivale a excesso de fluido agindo no recipiente físico (soma), criando irritação e outros transtornos ao equipamento mediúnico; turvação da solução significa perturbação no campo magnético da comunicação, destacando impurezas, dificultando a transmissão e a recepção da mensagem; já uma diluição excessiva lembra um passe dispersivo desnecessariamente aplicado numa dupla médium-Espírito em ação, diminuindo a força energética da comunicação.

Portanto, *passes somente no momento adequado e com conhecimento de causa*. Isto é padrão de qualidade.

97. Então, quando e com que técnicas se devem aplicar passes em médiuns em transe durante as reuniões mediúnicas?

Valemo-nos da resposta dada por Divaldo Franco inserida no livro *Terapia pelos passes*, de nossa autoria.

Acredito que os médiuns em transe somente deverão receber passes quando se encontrem sob ação perturbadora de Entidades em desequilíbrio, cujas emanações psíquicas possam afetar-lhes os delicados equipamentos perispirituais. Notando-se que o médium apresenta estertores, asfixia, angústia acentuada durante o intercâmbio, como decorrência de intoxicação pelas emanações perniciosas do comunicante, é de bom alvitre que seja aplicada a terapia do passe, que alcançará também o desencarnado, diminuindo-lhe as manifestações enfermiças. Nesse caso, também será auxiliado o instrumento mediúnico, que terá suavizadas as cargas vibratórias deletérias. Invariavelmente, em casos de tal natureza, deve-se objetivar os chacras coronário e cerebral do médium, através de movimentos rítmicos dispersivos, logo após seguidos de revitalização dos referidos *Centros de Força*. Com essa terapia, pode-se liberar o médium das energias miasmáticas que o desencarnado lhe transmite, ao tempo em que são diminuídas as cargas negativas do Espírito em sofrimento."

Essa intervenção do doutrinador se dará no momento em que o desequilíbrio se instala, o que pode ocorrer no início, no meio ou no final da comunicação.

Outra situação extremamente dramática e perturbadora é a que acompanha a comunicação de Espíritos vigorosa e demoradamente fixados ao mal, vinculados às organizações das sombras, de que se fizeram líderes, o que efetivamente acontece em memoráveis encontros, divididos em dois tempos: um no plano físico e o outro no Plano espiritual, com a equipe mediúnica desdobrada pelo sono.

Nesses encontros, líderes enlouquecidos do anticristo são atendidos por Espíritos com grande competência, funcionando como doutrinadores.

Esses líderes da *sombra* trazem máscaras ideoplásticas aderidas ao perispírito, construídas e vitalizadas há séculos, as quais ocultam o estado de miséria moral em que se encontram; são capazes ainda, esses Espíritos, de construir outras figurações momentâneas, fruto de grande treino mental, tais como a de monstros, demônios, para assustarem suas vítimas e contendores. Vencidos pela força crística que os doutrinadores conseguem portar, são submetidos a processos magnéticos complexos quão eficazes para o desfazimento dessas ideoplastias.

Vejamos, em *Trilhas da libertação*, o Dr. Carneiro de Campos, Espírito, atendendo, com passes, o Khan Tuqtamich, incorporado na médium Armênia, desdobrada, e o Espírito endurecido, ideoplastizado por transfiguração na imagem do Diabo:

"Aproximando-se da médium em transe, o Dr. Carneiro começou a aplicar passes longitudinais, depois circulares, no sentido oposto ao movimento dos ponteiros do relógio, alcançando o *chakra cerebral* da Entidade, que teimava na fixação. Sem pressa e ritmadamente, o benfeitor prosseguia com os movimentos corretos, enquanto dizia:

– Tuqtamich, você é gente... Tuqtamich, você é gente...

... suas mãos desprendiam anéis luminosos que passaram a envolver o Espírito. A pouco e pouco romperam-se as construções que o ocultavam, caindo como destroços... O manto rubro pareceu incendiar-se e a cauda tombou inerme. Os demais adereços da composição, igualmente, despedaçaram-se e caíram no chão.

Para surpresa nossa, a forma e as condições em que surgiu o Espírito eram constrangedoras – coberto de feridas purulentas, nauseantes, alquebrado, seminu, trôpego, o rosto deformado como se houvesse sido carcomido pela hanseníase – inspirava compaixão, embora o aspecto repelente."

Depois de acompanhar episódio tão dramático, saberemos deduzir que semelhantes fatos e intervenções são raros. Todavia, casos mais simples de fixações ideoplásticas aderidas a Espíritos que atendemos nas reuniões mediúnicas ocorrem com mais frequência, tais como: armas, que as Entidades sentem-se ainda portando, capacetes fluídicos que outras lhes impuseram como instrumentos de dominação, cenas fortes que vivenciaram e que não conseguem esquecer. Estas ideoplastias podem ser atendidas de modo semelhante à técnica de passes utilizada pelo Dr. Carneiro de Campos.

Vejamos como se expressou Divaldo Franco sobre o assunto em *Terapia pelos passes*, obra já citada:

"Vivemos em um mundo de vibrações e de ondas, nas quais as construções mentais se expressam com facilidade, dando surgimento a ideoplastias de vário teor, a se manifestarem em formas-pensamentos, vibriões destrutivos, fantasmas com formas apavorantes e fixações mais demoradas, que se transformam em instrumento de flagício para os próprios desencarnados como para os deambulantes da forma física. Desse modo, os *passes longitudinais e circulares* são de resultados salutares por destruírem essas condensações de energia negativa e enfermiça. No entanto, é sempre de bom-tom que o médium se evangelize, para poder, ele próprio, desfazer essas constrições que lhe são aplicadas pelos desencarnados, mediante os pensamentos edificantes que conseguem diluir essas materializações de dentro para fora."

Resta-nos colocar uma terceira situação em que se podem aplicar passes em médiuns já incorporados, que é durante a indução hipnótica que o doutrinador inspirado direciona para fins de regressão de memória:

Ainda recorrendo a Divaldo Franco, aparece a necessidade de, como ato preparatório, desfazer fixações perturbadoras, monoideias inquietadoras antes de conduzir os Espíritos ao passado, como no caso anterior citado, daí porque ele sugere

"(...) ao mesmo tempo que se procede à indução hipnótica, retirar-se os fluidos enfermiços que envolvem o perispírito do comunicante, mediante movimentos longitudinais e, de imediato, rotativos, no *chacra* cerebral, a fim de facilitar as recordações dos momentos gerados da aflição que ora se expressa em forma de sofrimento, revolta, perseguição impiedosa..."

Portanto, passe com variação de técnica, conforme a indicação específica a cada tipo de caso é, também, padrão de qualidade.

98. Em se tratando de médiuns inexperientes, pode--se induzi-los à comunicação quando se notar que estão sentindo a presença do Espírito, mas não conseguem completar o transe?

Sim, e somente quando notarmos que estão sensibilizados. Nada de se estimular aquilo que ainda nem começou mediunicamente. Percebidos os primeiros sinais da comunicação, e se ela não deslancha, devemos auxiliá-los com passes "*de modo a liberar os centros de captação psíquica das cargas vibratórias que lhes são habituais e criam dificuldades para o registro das comunicações"*. A técnica deverá ser a mesma retromencionada – médiuns em transe sob ação perturbadora de Entidades em desequilíbrio – passes dispersivos nos chacras coronário e cerebral, seguidos de revitalização. Aplicados esses recursos liberativos, deve-se estimular o médium inexperiente com palavras alentadoras.

A mesma técnica de passes se recomenda (e tem sido muito eficiente) quando o médium encontra-se exaurido ou desgastado após uma comunicação violenta.

No geral, no final das reuniões, como se admite que houve perdas sensíveis em alguns ou na maioria dos médiuns, recomendam-se os passes coletivos.

99. Uma última questão sobre os passes em reuniões mediúnicas. A quem cabe a aplicação durante a fase do atendimento: aos doutrinadores ou aos médiuns passistas?

Ainda recorrendo à experiência do médium baiano, vejamos como ele responde:
"A tarefa de aplicar passes nas reuniões mediúnicas sempre cabe ao encarregado da doutrinação. Poderá ele, no entanto, solicitar a contribuição de outros médiuns, especialmente passistas... A razão desse cuidado decorre da natural vinculação que se estabelece entre o diretor dos trabalhos e os cooperadores, que se tornam mais receptivos, por motivo do intercâmbio vibratório que deve viger entre todos os membros."

HIPNOSE

100. É válido o terapeuta espiritual aplicar técnicas de hipnose durante a doutrinação? Quando deve utilizá-las e como avaliá-las?

É de muita utilidade a hipnose como recurso terapêutico em favor dos Espíritos comunicantes, desde que se saiba aplicá-la corretamente, até porque essa terapia, na maioria dos casos, irá funcionar como contra-hipnose, no sentido de diluir fixações mentais deprimentes que eles próprios se autoinfligiram ou que neles foram implantadas pelos espíritos agressivos e dominadores que infestam os planos espirituais de densidade inferior.

A hipnose se baseia fundamentalmente na ação sugestiva, uma sequência de ordens e apelos que o agente dirige ao paciente, estando este preparado para receber a terapia. Esta condição ideal para ser hipnotizado, o denominado estado de *sugestibilidade*, é um nível alterado de consciência, situado entre a vigília e o sono natural, em que a vontade do hipnotizador suplanta, até certo ponto, a vontade consciente do hipnotizado, que assim tem algumas zonas do inconsciente acessadas, ficando mais apto para movimentar os estímulos externos e os mecanismos internos promotores da cura.

Quando se fornece a alguém uma causa consciente de ação, convence-se, persuade-se a pessoa; porém quando se lhe insinua uma razão inconsciente de ação, *sugestiona-se*. Esse é o domínio da hipnose. Como o inconsciente é mais abrangente, poderoso e dominador que o consciente, a sugestão prevalece sobre a razão analítica. Por isso, a hipnose é tanto mais eficiente quanto maior a habilidade para se conseguir, o mais plenamente possível, o estado de sugestibilidade, a partir do qual o inconsciente é mais fortemente estimulado, colocando o paciente num estado de obediência e de adesão total às propostas terapêuticas sugeridas pelo doutrinador. Ainda não se compreende totalmente, do ponto de vista biopsíquico, as causas profundas que levam a esse estado de submissão total, que dá lugar à substituição de uma vontade por outra.

Uns afirmam que o hipnotizador ressuscita, de algum modo, a personalidade do pai ou da pessoa que, na infância do hipnotizado, exercia sobre ele a autoridade suprema. Outros, como McDougall, propõem que a espécie humana, semelhantemente às espécies animais gregárias, possui tanto o instinto natural de obediência como o de domínio, sendo a hipnose a expressão dessa Lei biológica. Um terceiro grupo pensa como Pavlov, propondo que a inibição, o sono natural e a hipnose não passam de uma só e mesma coisa. Explica esse grupo: quando se estimula um animal, associando um hábito a uma necessidade básica, produz-se nele um reflexo condicionado, a partir do qual se desencadeiam reflexos incondicionados próprios para o atendimento daquela necessidade instintiva. Caso se lhe impeça a concretização do ato, a área correspondente àquela função se inibe, inibição parcial esta que se pode alastrar por toda a área cerebral se se repete sucessivamente o ciclo provocação/negação do objeto de satisfação, quando, então, o animal dorme.

Exemplificando: o animal é estimulado a comer sempre que se toca um sino – reflexo condicionado –; a partir daí, libera as enzimas próprias à digestão – reflexo incondicionado –; negação do alimento – inibição parcial, a qual, se repetida constantemente, produz lassidão, sono. Portanto, deduzimos nós, segundo a teoria pavloviana, que o estado hipnótico seria, no ser humano, uma força de autocompensação para as frustrações da vida, os desconfortos, em que as decepções da razão consciente seriam contrabalançadas por um estado de paz, de abandono patrocinado pelo inconsciente. Aliás, foi a partir do desconforto físico intencionalmente provocado – incidência de luz sobre os olhos, som atordoante e repetitivo – que Braid conseguiu o estado hipnótico, prosseguindo as experiências de Farias.

Seja qual for a explicação para o estado hipnótico, o que importa mesmo é que o doutrinador saiba os caminhos que a ele conduzem e os benefícios a serem alcançados no trato com os Espíritos sofredores. Em primeiro lugar, procurará conduzir o espírito a quem quer transmitir sugestões hipnóticas a um estado de confiança total depois de vencer-lhe os argumentos – falsos argumentos – frutos do tresvario emocional e psíquico em que se encontra. Arrefecido o ânimo agitado da Entidade, e já dando esta os primeiros sinais de entrega, deve o doutrinador parar a fala discursiva e, escolhida a sugestão, compatível com a necessidade do comunicante, ficar a repeti-la com voz pausada, clara e incisiva, até envolvê-lo totalmente na energia da sugestão, se necessário aplicando passes longitudinais, a partir do chacra cerebral.

Acompanhemos um exemplo da lavra abençoada de Manoel Philomeno de Miranda, esse espírito amoroso que tanto nos tem ensinado:

Trata-se de um diálogo entre Petitinga e um indigitado perseguidor, o qual reproduzimos em parte, já próximo do seu epílogo:

"*– Oh! Nunca poderei esquecer, perdoar, amar, nunca, nunca!...*

> O irmão Saturnino, semi-incorporado no venerando doutrinador, ergueu-o, e dirigindo-se ao perturbador-perturbado, em oração, começou a aplicar-lhe passes, de modo a diminuir-lhe as agudíssimas exulcerações e torturas.
> Branda claridade envolveu o comunicante enquanto as mãos de Saturnino, justapostas às de Petitinga, como depósitos de radiosa energia, que também se exteriorizava do plexo cardíaco do passista, lentamente penetrou os centros de força do desencarnado, como a anestesiar-lhe a organização perispiritual em desalinho.
> Com voz compassiva, o diretor dos trabalhos começou a exortar: – *Durma, durma, meu irmão!... O sono far-lhe-á bem. Procure tudo esquecer para somente lembrar-se de que hoje é novo dia... Durma, durma, durma...*
> Banhado por energia balsamizante e dominado pelas vibrações hipnóticas que fluíam de Saturnino através de Petitinga, o perseguidor foi vencido por estranho torpor, sendo desligado do médium por devotados assessores desencarnados, que cooperavam no serviço de iluminação". (*Nos bastidores da obsessão*, Cap. 1, Manoel Philomeno de Miranda, psicografia de Divaldo Franco).

Transparece do exemplo um detalhe técnico importante: a sugestão pós-hipnótica, que é um complemento válido à sugestão inicial, a fim de se melhorarem os resultados.

No caso em pauta, Petitinga propõe a sugestão corretiva imediata: dormir, para aliviar a tensão que tanto mal está causando; mas, também, esquecer, esta a palavra de ordem que se espera aconteça mesmo depois do despertamento.

Semelhantes sugestões pós-hipnóticas poderão ser dadas de forma enfática, no estilo de cada um, conforme a percepção do doutrinador e objetivos por ele imaginados: " *Durma, durma, durma! Quando acordar, você perceberá quanto Deus o ama e como você poderá ser feliz. Durma, durma!"*

Para o Espírito que se deprime, dizer-lhe repetitivamente, depois de levá-lo ao estado de sugestibilidade (sonolência ou *relax*) frases assim: " – *Você é filho de Deus; foi criado para ser feliz! Sinta como está melhor agora! Descanse um pouco pensando em ser feliz*".

Há também as sugestões relacionadas com a prescrição de medicamentos: "– *Você já foi medicado, logo estará bem*" –. Ou então: "– *Vamos aplicar-lhe uma injeção anestésica! Pronto. Já aplicamos. Um brando torpor lhe invade. Não pense em nada. Durma!*"

Há momentos dramáticos na doutrinação em que se faz necessário conter, advertindo o Espírito em atitude afrontosa e desrespeitosa ao Poder Divino. Quando isso acontecer, usará o doutrinador de energia, demonstrando sua indignação, e exercerá o império de sua vontade com expressões do tipo: "*Como você se atreve a afrontar o Todo-Poderoso dessa forma, desconsiderando que Ele lhe deu a vida e o conduziu até hoje?*" E, caso o Espírito insista, ordenar incisivamente: "– *Agora você não mais falará. Ficará, assim, sem voz, por um tempo, para refletir. Pronto, cessou!*"

Se o doutrinador estiver realmente sintonizado com os bons Espíritos, agindo sem qualquer presunção de poder, sem projeção do *ego*, mas imbuído de compaixão e penetrado por esse "amor força" que educa para salvar, ele conseguirá o intento. É preciso que ele possa agir rápido e surpreendentemente para impactar e assim quebrar a força da arrogância, que é desespero, impedindo que a Entidade afunde mais no poço do desequilíbrio.

Outro tipo de sugestão útil é a que objetiva chamar a atenção do Espírito com relação a quadros ideoplásticos que são construídos e projetados pelos mentores, a fim de funcionarem como lições educativas para o socorrido.

De igual classificação as próprias presenças de Espíritos familiares trazidos à reunião, sobre os quais é preciso alertar, chamar a atenção dos comunicantes para que, induzidos pela sugestão, se desliguem de suas construções mentais e passem a enxergá-los. Usará o doutrinador fórmulas como esta: "– *Preste atenção ao que está aí diante dos seus olhos. Estas cenas vão lhe esclarecer a respeito de seu drama*". Ou então: "– *Conosco está um ser muito querido*". "– *E por que não vejo?*" – retrucará o Espírito – "*Porque está preso a um excesso de preocupações. Sinta primeiro a presença desse 'anjo' amigo. Em quem você está pensando agora?*" Trazido pelo doutrinador ao centro de suas preocupações, o espírito explodirá em júbilo: – "*Minha mãe, minha mãe!*" – desligando-se dos vínculos mediúnicos para os braços do ente amado.

Ainda poderíamos falar das providências que se podem adotar para fazer o Espírito perceber onde se encontra, quando disso não se apercebe pelas demoradas aflições oriundas do cenário de onde se originou o trauma que o aflige (um hospital, a cena de um acidente, ou de uma agressão). Dir-lhe-á, imperativamente, o doutrinador, depois de acolhê-lo: " – *Veja onde você está!*" – "*Não vê que me afogo?*" – retrucará o Espírito.

" – Isso foi o que lhe aconteceu, mas não está mais acontecendo; venha até o presente. Insisto: verifique onde estamos.

– Quem é você? Quem são essas pessoas silenciosas?

— São amigos que estão orando por você. Percebe agora que o pior já passou? E o esclarecimento prosseguirá com um paciente surpreso, porém aliviado."

Por último, alguns breves comentários sobre a auto--hipnose, que nada mais é do que propor ao visitante espiritual, depois de adequadamente preparado, repetir ele mesmo, várias vezes, a sugestão libertadora.

Por exemplo, proporá o doutrinador: "— *Não se deprecie tanto. Depois do arrependimento, virá a reparação, que antecede a liberdade, porque todos somos filhos de Deus. Repita:*
— *Eu sou filho de Deus, eu sou filho de Deus, Deus me ama!*"

Tais expressões últimas, repetidas pelo Espírito, fazem com que uma *janela* se abra para o inconsciente superior, sem a necessidade de recorrermos ao escancaramento da *porta*, como faz a hipnose plena.

Essa técnica da auto-hipnose, ainda baseada nas propostas de Emile Coué e da Escola de Nancy, é a base para as técnicas atuais que fundamentam tantas obras e terapias psicológicas de autoajuda trazidas ao mundo por inspiração divina nos tempos atuais.

Concluída esta abordagem sucinta sobre o uso da hipnose nas reuniões mediúnicas, aditaremos só um breve comentário sobre a avaliação da eficiência dessa terapia. A constatação é simples: basta verificar se aconteceram ou não os *resultados esperados*; se foi ou não aceita a sugestão. Respostas positivas, qualidade assegurada.

Regressão de memória espiritual

101. Temos lido, nas obras de Manoel Philomeno de Miranda e noutros relatos, a respeito de memoráveis atendimentos com regressão de memória espiritual, conduzidos por mentores espirituais, no plano suprafísico, com médiuns encarnados desdobrados durante o sono. Semelhantes atendimentos podem ser realizados também no plano físico pelas equipes mediúnicas dos Centros Espíritas?

A terapia de regressão de memória espiritual, quando aplicável, é de relevante valor para a recuperação emocional dos Espíritos sofredores da Erraticidade, desde que utilizada adequadamente por terapeutas qualificados. É natural que no Plano espiritual se disponham de melhores recursos para uma utilização sem riscos, daí a preferência dos bons Espíritos de fazerem-na, com os médiuns desdobrados, em reuniões na mesma noite/madrugada após a atividade de intercâmbio espiritual realizada no plano físico.

O equilíbrio e a concentração são assegurados, porque só participam os mais adestrados. Os terapeutas geralmente são Entidades de nomeada, no sentido da competência e da moralidade, e que, ainda por cima, já conhecem os fatos que serão evocados, por levantamento prévio realizado nos arquivos do Mundo espiritual ou diretamente extraídos das mentes dos protagonistas.

Todavia, tais atendimentos podem ser realizados no plano físico, por equipes mediúnicas bem-preparadas, funcionando com médiuns doutrinadores experientes, inspirados fortemente por seus mentores, e médiuns de incorporação bem-adestrados e seguros. A falta de um conhecimento amplo dos fatos pode ser suprida, em parte, por informações prévias obtidas no Plano espiritual, quando médium e doutrinador são advertidos e preparados para esses atendimentos especiais em delineamento.

No passado, antes de o Espiritismo ser trazido à Terra, como ainda hoje onde ele é pouco difundido, o socorro mediúnico era e é feito no Mundo espiritual. No entanto, o interesse dos Espíritos Superiores é que as distâncias entre esse *mundo das causas* e o plano físico sejam estreitadas de tal forma que as equipes de encarnados especializadas em socorro, sob a inspiração dos Espíritos que as supervisionam e dirigem, possam realizar atendimentos dessa ordem também no Plano Físico. Lembremos da assertiva do Pai-nosso: "*Seja feita a Tua vontade, assim na Terra como no Céu*".

102. Quais os objetivos e finalidades da regressão de memória espiritual como recurso terapêutico nas reuniões mediúnicas?

Trata-se de um recurso desalienador de profundidade, que deverá ser usado quando as demais providências se mostrarem insuficientes para remover traumas ou superar o medo de encontrar-se, fazendo vir à tona os porquês de acontecimentos atuais dolorosos, compreendê-los e angariar forças para superá-los.

Nem sempre é fácil para o espírito recém-liberto dos liames físicos suportar com equilíbrio a *cirurgia* da desencarnação, que, de um momento para outro, projeta-o para fora do corpo físico, situando-o num *habitat* totalmente diferente e em condições mentais, emocionais e energéticas com as quais não está acostumado e para as quais não se preparou. E porque, assim, tão fortemente impactado, aliena-se, continuando a experimentar as dores *físicas* decorrentes das enfermidades que lhe causaram a morte, quando não é o caso de ficar perambulando pelos ambientes físicos da Terra – lares, locais de trabalho, bares e prostíbulos, ruas e prédios públicos – ou ensimesmado nas *bolhas psíquicas* de seus devaneios, ou ainda projetado nas paisagens astrais sombrias e aterradoras. É clandestino do Mundo espiritual enquanto não se der conta de que está desencarnado. Então, a principal regressão de memória é esta: *tomar consciência da desencarnação*, pois só se desencarna, de fato, quando a consciência dá-se conta da ocorrência. Isso facilitará, inclusive, a eliminação dos resquícios de vitalidade orgânica aderidos ao perispírito.

Em grande quantidade, esses alienados são trazidos às reuniões mediúnicas para que os ajudemos a se descobrirem como seres desencarnados.

Alguns já trazem a suspeita em forma de conflito, facilitando a tarefa do doutrinador: É comum dizerem: *"Não sei o que se passa comigo: falo e ninguém responde; parece que todos enlouqueceram; ou será que fui eu que enlouqueci?"*

Dirá o doutrinador: *"Nem eles nem você enlouqueceram. Raciocine: antes não era assim. Isto provavelmente aconteceu depois de sua doença. Alguma coisa ocorreu; algo a que você não está acostumado a pensar".* Retrucará o espírito: *"Como assim? Será isso a morte?"* O doutrinador confirmará e assistirá o visitante espiritual com bondade, infundindo-lhe confiança e fé no futuro.

Os casos não serão todos tão fáceis assim. Espíritos há que escondem o fato. Pelas reações psicológicas do visitante espiritual, o doutrinador trará o conflito para a consciência, ajudando o Espírito a se libertar.

O diálogo poderia ser de acordo com o seguinte padrão: O Espírito: "– *Por Deus, não entendo o que se passa comigo. Depois que dei entrada naquele hospital nunca mais recuperei o equilíbrio. Pior: minha vida parece povoada de sonhos. Estou atordoado.*" O doutrinador responderá: "*A doença é sempre um convite para que, mesmo lutando pela saúde, pensemos na morte, que é uma fatalidade que a todos atinge. Você tem religião? O que você pensa a respeito da morte?*" O Espírito redarguirá: "*Por que você está falando de morte?*" O doutrinador insistirá: "*E por que não falar, se morte é vida? Na minha experiência de lidar com os Espíritos, percebo que muitos deles, embora já mortos, quer dizer, sem o corpo material, continuam vivendo como se nada lhes tivesse acontecido.*"

O Espírito dirá, surpreso: "*Você está querendo informar que eu...*" O doutrinador, interceptando-lhe, complementará: "*... que você já está livre da doença... que você já está na pátria onde estão seus entes queridos lhe aguardando... que você já morreu... Não tema, pois os emissários de Jesus estão ao seu lado amparando-o e, a partir de agora, vão providenciar o que for melhor para você.*"

Conduzindo assim, com jeito e delicadeza, a doutrinação, o Espírito terá uma surpresa, mas não um choque, porque, em verdade, no fundo de si mesmo, ele já sabia da sua situação, mas não queria admiti-la.

Há também aqueles que se auto-hipnotizam com a negação da vida espiritual, materialistas que são, não por cogitações intelectuais, mas pelo exagerado apego de quem vive só em função dos sentidos, dos gozos e dos vícios. Estes precisam regredir ao momento da morte, "remorrer", como afirma Manoel Philomeno de Miranda.

Recentemente, numa das reuniões mediúnicas do Centro Espírita Caminho da Redenção, um Espírito comunicou-se através de uma risada sarcástica e desconcertante. Abordado pelo doutrinador com tato, ele explicava a razão daquele riso: estava divertindo-se com o choro e os lamentos de tantos necessitados que se aglomeravam na porta da Instituição, aguardando serem introduzidos para o atendimento. Dizia: *"Eu não sei exatamente o que é isto aqui, mas esses bobocas não passam de uns moleirões para se humilharem tanto assim"*.

O Espírito, que aparentemente não apresentava nenhum sofrimento visível, de uma hora para outra começou a demonstrar desconforto muito grande, queixando-se de falta de ar e palpitações, dizendo: *" – De novo este mal-estar. Parece que aquela dose me fez mal"* – ao que o doutrinador completou: *" – Uma* overdose. *Na verdade, naquele momento você passou para o outro lado, para a Vida Espiritual. Essas crises são reminiscências de sua morte"*.

Foi então que assistimos ao recrudescer daqueles sintomas e o Espírito vivenciou o instante da morte, totalmente descontrolado pela aflição, e o doutrinador a assisti-lo com palavras de conforto, porém afirmando: *"Isto é a morte; não se iluda mais, você está morrendo!"*

Outra será a abordagem com os obsessores, pois estes já conhecem a situação em que se encontram. A regressão de memória com eles visa a ajudá-los a superar o ódio de suas vítimas, fazendo que vejam a extensão das próprias responsabilidades no drama que vivenciam e que os ódios, reciprocamente alimentados, remontam a um passado muito antigo no qual os erros aconteceram de parte a parte.

O Espírito, obstinadamente, poderá colocar-se assim: *"– Jamais o perdoarei! O infame arruinou o meu lar e escondeu-se na proteção dos poderosos para se proteger da minha ira. E o pior, continuou a zombar de minha desgraça e da minha impotência para atingi-lo".*

O doutrinador, depois de argumentar e conclamá-lo ao perdão como uma providência que seria útil a ele mesmo, para amenizar-lhe os sofrimentos, poderá desviar o diálogo preparando já uma possível regressão de memória. E sugerirá: *"– Um dia você vai precisar revolver as suas memórias para ver o porquê disso tudo, quando poderá constatar não ter sido você melhor do que seu desafeto".* O Espírito retrucará: *"– Não o creio. Você o defende porque o não conhece".* O doutrinador dirá com império, embora respeitosamente: *"– Se você não crê, será o caso de nos lembrarmos agora. Você vai lembrar-se; relaxe e veja o passado; ele está aí diante de você como um quadro vivo".*

Normalmente, quando o doutrinador está inspirado e controlado por seu mentor, a sugestão hipnótica funciona, e o Espírito, antes sereno, começa a deblaterar. Muitos dizem: *"Não pode ser; esse não sou eu. Isso é uma bruxaria!"* E o doutrinador encerrará o caso, afirmando: *"Não fuja à própria consciência. Você está diante de si mesmo. Confie sua vida a Deus, e perdoe. Agora é preciso dormir um pouco, mas quando acordar, você se lembrará desse momento com uma emoção diferente. Agora durma, durma..."*

103. Existem técnicas facilitadoras para a regressão da memória espiritual?

A técnica fundamental para fazer com que um Espírito incursione no seu passado, a fim de libertar-se de conflitos e traumas é, sem dúvida, a sugestão, que poderá ser induzida, ou não, por passes. Convém salientar, todavia, que a maior contribuição ao processo provém dos mentores espirituais, inspirando os doutrinadores, produzindo por ideoplastia quadros e cenas para serem observados pelas Entidades assistidas ou facultando a visão de seres espirituais a elas vinculados, quando tais presenças possam facilitar a eclosão das lembranças ou infundir coragem para os pacientes se desvelarem.

A contribuição do médium ao processo é relevante quando se mantém equilibrado ao receber a carga emocional produzida pela grande excitação de que é acometido o comunicante, permitindo-se, mesmo assim, liberar energias calmantes e estabilizadoras.

Uma advertência final: *o doutrinador, nos casos de regressão de memória espiritual, deverá estar absolutamente seguro da intuição emanada da ascendência dos bons Espíritos*, a fim de que resultados expressivos possam ser alcançados.

Conclusão

Chegamos ao final do trabalho, graças a Deus! Foi como se tivéssemos percorrido uma trilha. Se não foi uma rota pioneira, pelo menos uma que é para ser vencida com atenção e cuidado, a fim de que os detalhes interessantes do percurso não passem despercebidos.

Com cuidadoso interesse, também para que, por distração, não venhamos dela distanciar-nos e nos enovelar nos cipoais das dificuldades que a margeiam, retardando em demasia a nossa hora de chegada...

Outras trilhas mais luminosas muito provavelmente existam, inacessíveis para nós. Felizes aqueles que as descobrem e as podem seguir.

Mas, aos de menor poder perceptivo e inexperientes na arte de caminhar por trilhas que se projetam além dos humanos caminhos, podemos dizer que esta que apontamos é uma boa estrada, um roteiro seguro que conduz à província do amor e da paz.

Anotações

Anotações